人生を危険にさらせ!

須藤凜々花　堀内進之介

幻冬舎文庫

人生を危険にさらせ！

NMB48
須藤凜々花

政治社会学者
堀内進之介

目次

2 愛するということ

3 自由になるということ

4 正義《ただ》しいということ

5 大人になるということ

凡例

一　各章に付されたコラムは、章ごとのテーマに即して須藤が書き下ろしたものである。コラムの内容を理解するためにも、先に本編から読み進めることをお奨《すす》めしたい。

二　本編中の太字箇所は内容的に重要であり、かつ須藤のお気に入りの箇所である。

三　用語解説は、現代位相研究所が監修した。本編の内容理解を助けるものなので、必要に応じて参照されたい。

教科書に似て非なるもの

須藤凜々花

本書には、私の哲学への想いのすべてが詰まっている。また、本書によってさらに、私の哲学への想いが深まった。だって、本書の執筆を終えることがこんなにも寂しいから。泣いた。

でも、あなたに手に取って頂けたことは、最高に嬉しいから、だから気持ちを整理して、先に伝えなければならないことがある。誠意を込めて。

本書は、お金もうけをしたい人はもとより、無難に生きていきたい人にとっては、何の役にも立たないかもしれない。それどころか、ひょっとすると、本書を読んだらいままで幸せだと思っていたことが不幸に逆転してしまうかもしれない。その意味では、本書は、明るくポップに反社会的で、そして無邪気に反時代的なものであるのかもしれない。

でも、社会的な成功や人生の無難さや、あるいは幸せな経験を否定したいわけではもちろんない。言うまでもなく、それらはとても大切なこと。とはいえ、それらに執着し過ぎるのは、むしろ人生を虚しくするのではないか、うまく生きることに懸命になり過ぎると、自分自身を見失ってしまうのではないか、そういった漠然とした不安を誰もが抱いているというのも確かなように思う。

本書が反社会的で、反時代的であるかもしれないのは、そういった漠然とした不安を鎮める役には立たないだろうと思うからなのだ。それどころか、本書の隠れた狙いはむしろ、そうした不安をいっそう呼び覚まそうとすることにある。ふふふ。

不安になるのは、ほかの道でもあり得たかもしれないと思うことの、それはつまりほかのようにもできたかもしれない自分をどこかで信じていることの、裏返しなのではないかと思う。

だから本書では、うまく生きるだけでなく、善くも生きてもらいたいなあという私の願いを込めて、ありがちな成功や無難さや幸福に対して「本当にそれで満足していいの？」という問いを、敢《あ》えて投げかけたい。ほかのようにもできたかもしれない自分自身を、みんなにはいっそう強く感じていてほしいから。

以下は、本書が完成するまでの、読者の皆さんに哲学のおもしろさや意義深さを知ってもらえるようにするための、私の努力と涙と汗と笑いの記憶の断片である。

共著者であり、哲学の講義をしてくださることになった堀内進之介先生との初対面の日のこと。前日にもらったプロフィールの顔写真を見て、「怒られる」と直感的に思った。とても賢そうで、若くて、日焼けしていて、そこはかとなく漂うリア充臭……会うのが怖かった。幻冬舎へ向かうタクシーの中で、「うわーぜったいに怒られるパターンのやつだこれ」とマネージャーさんとともに怯《おび》えていた。

幻冬舎の前に到着。まさかの背後から堀内先生登場。黒かった。

さっそく会議室でどんな本にするか、何を読者に伝えたいか、会議がはじまった。

「須藤さんが関心のある哲学のテーマって何かありますか？　思いつくだけ全部教えてください」

(きた。ドキドキ。頑張っていっぱい答える)

「えーと、自由、正義、あ、愛、カッコいいこと、おもしろいこと、生命倫理も！　興味ありますし……」

「カッコいい？」

(やばいやばい)

「うーんと、アニメで言うなら主人公がカッコいいと思います。二番手キャラはダサいです。『北斗の拳』だけは例外で、ラオウがカッコいいと思います。個人的に主人公のケンシロウはダサいです。えっとえーっと、それから云々」

「ほーほー、おもしろいね。なるほどなるほど、分かりました」

（ドキドキドキ）

「じゃあ簡単なテストを受けてもらいます。これであなたの思想傾向を知りたい」

私の答案をわたす。

「なるほどね」

（ドッキドキ）

「実は、須藤さんが哲学について話しているインタビュー記事や、スピーチの動画なんかを全部見てきました」

（お、怒られるぅぅうううう）

「ルターのいうキリスト者の自由と、福澤諭吉のいう自由をいっしょにするのは強引だと思ったけれど……」

「ごっ、ごめんなさい！（泣）」

「悪くないと思ったよ。センスあると思う、本当に」

褒められた。やったぜ！

「須藤さんは実存哲学寄りなんだね。ブレないね。さっき須藤さんが好きと言った哲学者のほとんどすべて、実存主義者なんだよ」

「そそ、そうなんですか⁉」

ニーチェ先輩、ヤスパース先輩、カミュ先輩、フロム先輩、キルケゴール先輩、フロイト先輩などなど、私の大好きな先輩たちの多くが、堀内先生のご専門、批判理論と縁のある先輩たちだった‼　なんだか嬉しかった。

「須藤さんには、今日から哲学書を読むことは禁止します。哲学はつまみ食いできません。これからは時間をかけて、哲学史も社会学史もそれらの基礎もきっちり叩《たた》き込みます」

やっぱり怒られた。

それから、堀内先生に質問をいつでもできるように、関係者によるグループラインが発足。熱い哲学談義に、通知が鳴りっぱなしだった。

私の質問がだいたい深夜から明け方だったため、「早く寝なさい」と怒りつつ、長文で質問に答えてくださる堀内先生の優しさ。一方、愛についての対談で、私の恋愛に対する淡白さを、私が半泣きになるまで責め立てる堀内先生の鬼畜さ。

そんな実存的交わりができたのも、「広く読まれる哲学書をつくりたい！」という熱意を関係者のみんなと共有することができたから。

読者の皆さんに、より伝わるように様々なアプローチを検討した。素材になるような映画を何本も見に行ったり、たくさんの入門書を読んでどんな形式になっているかを詳しく研究したり、読者層を明確にするために、堀内先生と編集者の伊東さんが、私の握手会を見学しに来てくださったりもした。

私自身も、執筆中にロングヘアーからショートヘアーに、NMB48のセンターに。麻雀の冠番組ができたり、『踊る！さんま御殿!!』に出演したり、『ダウンタウンDX』で堀内先生と共演したり、アイドルとしていろいろな変化があった。

本書の執筆過程は、哲学者を目指す者としても大きな、大切な一歩になった。

「最近のりりぽんの755やツイッターでの発言や、哲学に関する質問の返しは秀逸だね」

ほ、褒められた！（感激の嵐）

このまえがきは、堀内先生と編集者の志摩さんを前にして、締め切りに遅れながら書いている。ごめんなさい、もうすぐ終わります。

この本は須藤凜々花という哲学の完結編ではありません。未熟という意味ではなく、あくまで現在の到達点という意味です。

未来のりりぽん先輩に、恥ずかしくない処女作にしようと一生懸命つくった本です。本の書き方も知らない小娘が、たくさんの方々に助けられてつくり上げた本です。そして何より、みんなに読んでほしい一心で、ギリギリで書き上げた本です。

どうか最後まで読んでください！

この本を恥ずかしく思えるようになるまで、私も成長するぞー‼

どーぞ‼

アイドル本に似て非なるもの

堀内進之介

本書の著者、NMB48の須藤凜々花は、「**将来の夢は哲学者**」と公言している。アイドルが哲学するといっても、どうせ「やらせ」だと端から馬鹿にする者もいるだろう。彼女自身の手によるものだとしても、そんな哲学談義など他愛もないと思う読者もいるかもしれない。いや、むしろ数々のアイドル本を見れば、そう思うのが当然というものだろう。

しかし、読者が彼女をどのように評価するにせよ、彼女が苦労を重ね挫折を乗り越え、いろいろなものを背負って懸命に生きてきたのは、紛れもない事実である。そして、その懸命の生の中で哲学と邂逅《かいこう》し、彼女が自身の生をより豊かにしようと努めてきたのは、少なくとも私をはじめ本書の関係者には疑念を挟む余地はない。

だから、読むに値する書物はお偉方の書いたものだと決め込んで、ただアイドルが書いたというだけで「やらせ」であるとか「他愛もない」と本書を邪険にするのも、あるいは大学の哲学科の中で講じられる哲学だけを正統だとする向きも、もはやどうかと思う。
「もはや」というのは、正直なところ、私自身が本書の企画を相談されたときに、そもそも彼女のことを何も知らぬのに「所詮」と高を括《くく》ったからだ。しかしもはや、私は彼女の哲学好きを単なるファッションだとも、取るに足らぬものだとも思っていない。むしろ彼女の若さで、しかもアイドルとして活動しながら哲学書を読み、自分自身の生の哲学に真剣に取り組んできたのだから、そこらじゅうにいるシガラミ塗《まみ》れの大人よりも、**「須藤凜々花という哲学」**の方がよほど重みも深みもあると思っている。

つまるところ、彼女が色物に見えるとすれば、それは彼女自身によるのではなく、そのように色眼鏡で見る側の所為なのだ。当初、私は本書の企画を引き受けるか否かを随分迷ったが、彼女に会い彼女が話しはじめると私の迷いは杞憂《きゆう》であったとすぐに分かった。彼女は哲学を独学で学んでいる最中だから、体系立った理解を必ずしも得ているわけではなかったが、彼女の生来の頭の良さや何かを深く知ろうとする意欲は、その場にいる誰もが感じ取れるものだった。そして、それにもまして印象的だったのは、アイドル須藤凜々花としての可愛らしさや無邪気さのその奥にある、「それでもなお」の哲学、つまり彼女自身の懸命さに裏打ちされたタフさだった。しかしこのタフさは、いわゆる処世術としてのそれではなくて、媚びるための、伸し上がるための、心臓に毛の生えた商人根性とは無縁なものだ。**彼女のタフさは、「うまく生きる」ための強さではなく、「自分自身を生きる」ためのそれなのだ。**

このタフさこそは、須藤凜々花のいわば本質であって、実は本書の主題ともなっている。さらには、本書の企画に私が抜擢《ばってき》された理由でもあるらしい。かつて私は『幸福論』（宮台真司、鈴木弘輝との共著）のあとがきに、「美しく生きる。これが頭から離れない」と書いたのだが、これが彼女の興味を引いたということらしいのだ。私の専門は批判理論と呼ばれる社会理論だが、それは様々な哲学を基礎としながら、とりわけカント由来の「自律」という考えを重視している。批判理論は、こう言ってよければ、うまく生きること（順応）も大事だが、善く生きること（抵抗）はもっと大事だと主張するものだ。こうした哲学を基礎とする批判理論を専門にするからには、当然私自身もそう思っているわけで、それが彼女の琴線に触れたのかもしれない。もしそうなら、著者としてはこれほど嬉しいことはない。

本書もまた、多くの読者の琴線に触れることを期待して、多くの工夫が凝らされている。それは例えば、本書が本論とコラムの二つの部分から成り、とりわけ本論部分については、以下の理由で「**対話篇**」として構成されていることなどである。

哲学は何もそのきっかけが意味深長である必要はなく、日常の何気ない瞬間にも宿る。「昨日までは普通だったのに今日になって苦しい」と思う瞬間にも、「自分が分かる鏡が欲しい」と思う瞬間にも哲学は宿る。だから、むしろ読者やファンのためにも、哲学へのきっかけはなるべく有り触れたものの方が好ましいというのが、彼女の切なる願いであった。

それゆえ、講義での彼女と私との対話を基にして、それをできる限りカジュアルでポップな「対話篇」として再構成することにした。読者が少しでも気軽に、手軽に哲学へのきっかけを摑めるようにと、対話篇に登場する「彼女」や「私」は、笑ったり泣いたり、ボケたり突っ込んだり、およそ常人らしからぬテンションの高さで超人を、いや変人を――少なくとも私たちの自己理解では――「演じている」。無論、そうした理由はほかにもある。

真理はここにあるとばかりに、したり顔で提示する哲学とも、人生とはこういうものだとばかりに、訳知り顔で講釈するオヤジたちとも異なり、真理を先取りすることなく、自分で考え生きようとする彼女の姿勢や、あるいはそれに共感する私の感性は、仮にそれを「実存主義的」だと表現するなら、天真爛漫《らんまん》な明るさとは本来無縁なもので、実際にはもっと直向《ひたむ》きで地味な暗さがある。

「自分で考え生きる」ことを重視する姿勢を一つの哲学と見るなら、この哲学は誰かや何かに対して、直接的に解決策を提示する如何《いか》なる資格も権利も持たないことの自覚を含んでいる。だから、この哲学が本書を通じて読者に提供できる何かがあるとすれば、「自分で考え生きる」ための、とても頼りないきっかけくらいなものなのだ。「対話篇」のテンションの高さは、頼りないきっかけをどうにか読者に提供しようと、この哲学の直向きで地味な暗さを感じさせまいとする精一杯の努力の跡なのである。

この「対話篇」は、文面の軽快さとは裏腹に、彼女が講義を通じて疑問に思ったことや重要だと感じたことなどを、初学者が気軽に追体験し得る機会となるように、彼女と私との共同作業によって膨大な時間をかけて緻密に設計されたものなのだ。彼女がアイドルを目指したのも、哲学をもっと広めたいとの思いからだというから、「対話篇」を緻密に設計する作業は、まさに必要不可欠なものだった。

そして、各章のテーマに即して付されたコラムは、彼女自身の哲学を、「須藤凜々花という哲学」を、読者により直接的に伝えたいという彼女の希望によって、寸暇を惜しんで書かれたものだ。「対話篇」には、アイドルとしての彼女が登場するが、「対話篇」を構成し、コラムを書き上げているのは、**アイドルとしての彼女ではなく須藤凜々花そ**

の人なのである。

本書と凡百のアイドル本との違いは、まさにこの点にある。

本書が彼女の願い通り、哲学へのきっかけと成るか否かは、読者やファンの評価にお任せしたい。しかしながら、読者やファンにはこうも伝えておきたい。

本書を読んで須藤凜々花という哲学の深淵《しんえん》を覗《のぞ》いてなお、「何だ、大したことはないな」と言うとき、深淵もまたあなたを覗いて、こう問いかけているのだと。

「ところで、あなたはどうなの？」

※すべて本人私物

第一章
生きるということ

恋　変人たちの邂逅

やあクリトンくん。一つわたしのギモンについて考えてはくれないかい?

——堀内です。

さあクリトンくん、つまりわたしはこう考えるのだよ。

——堀内です。

すなわち、わたしたちが一番大切にしなければならないのは、単に生きることではなくてだな、クリトンくん。

——ホリウチです。

つまりは、「よく生きる」ことなのではないだろうか? ホリウチくん?

——クリトンで……ぐぬぬぬ。

あはははは。こんにちは。NMB48の「りりぽん」こと須藤凜々花です。東京都出身、

死刑になるソクラテス先輩を助けようとした、お金持ちの幼馴染み。プラトン先輩が書いた『クリトン』はクリトン先輩が話者として登場する対話篇の哲学書。
(P249 用語解説参照)　(り)

好きな食べ物はプリンとライチです。よろしくお願いします！

——……はい、よろしくお願いします。堀内進之介といいます。

はい！　堀内先生！　よろしくお願いします。

・　・　・

——それにしても、須藤さんは「哲学アイドル」なんですよね？

そういう風に呼んでくださる方もいます。なんだかちょっと気おくれ？　する感じもあるんですけど……でも、将来の夢は哲学者です！

——哲学者！　すごいですね！　なんだかアイドルっぽくないような……。

うー、なんかそれ偏見な気がします。

——あ、いえ、そのなんというか。まあ、えーと、なんですか、ところで、須藤さんのいう哲学者ってどんな人のことなんですか？

うーん、わたしが知ってる限りだと、例えば昔の人の難しい言葉を解釈して、分かりやすくして、伝えることをお仕事にしてる方だと思います。本を書いたり、大学で講義したり。

——……うーん。

ただ最近は、そういうお仕事としての哲学？　とはちょっと違う、もっと熱い部分があるなっていうのも思うんですよね。

——ほほう？　熱い部分？

うーん、なんていうのかな。本当のこと、根本的なことが知りたい!!　っていう熱さ。もうなんていうか、そうやって考えることが、自分の人生と切り離せなくなっちゃった人、みたいな。

——「なっちゃった」っていう言い方、いいですね。望んでそうなったっていうよりも、はまり込んじゃった、的な。

かもしれないですね。まるで病気？　みたいな。

——哲学病ですね。

そんな病気があるんですか？

——ええ。「死に至る病」です。

？？？

——とても怖い病気です。あるとき突然、世界は存在しないかもしれない、とか、わたしは生まれてからずっと悪霊に騙《だま》されているのかもしれない、とか、これは実は水槽の中に浮かんでいる脳みそが見ている夢かもしれない、とか言いだしたりします。夜も眠れなくなり、起きていても不安で仕方ありません。

ステキ！

――そして、この病気のタチが悪いところは、「病気」であることです。要するに、運よく死なずに回復したところで、その人は立派になったり成長したりするわけではありません。普通に朝起きて、ごはん食べて、仕事して、寝るっていう生活がまたはじまるだけです。あはははは。

えへへへへ。

――……さっきから、なかなか予想のナナメ上のリアクションをしてきますね。いい壊れっぷりです。それはそれとしてですね、須藤さん。さっき自分で言ってたセリフ。誰の言葉かご存知ですか？

（「りりぽん」でいいのに）……はい、**ソクラテス先輩**です。

――先輩？　そうなんですか？　まあいいや。一応正解です。古代ギリシャの哲学者ソクラテスの言葉だといわれています。

「言われています」ってことは、違うかもってことですか？

――ええ。実際、ソクラテスは自分ではまったく記録を残していま

奥さんのクサンティッペさんが悪妻として有名だったソクラテス先輩は、「良妻に恵まれれば幸福になれるだろう。悪妻を持てば、哲学者になれるだろう」と言ったらしい（笑）。さすがっす。　（リ）

せん。ソクラテスの言行は、弟子たちによって間接的に伝えられているだけなんです。そしてさっきの須藤さんのセリフは、弟子のプラトンが残した対話篇『クリトン』にでてきます。

んー、詳しいことはよく分からないんですけど、わたしこの言葉なんとなく惹《ひ》かれるんですよね。

――というと？

わたし、一応アイドルじゃないですか？　いまはいろんなご縁があってこうやって活動させてもらってるんですけど、そうやって頑張ったからって、必ずしもみんながスポットライトを浴びられるわけじゃない。すごく賭けみたいなお仕事です。

――そうですね。

ちょっと失礼な言い方かもしれませんけど、もっと地道で堅実な職業っていうのもあると思うんです。そうやって、とりあえず生きていくには困らないだけのお金がもらえて、あとは、仲のいい友達とたまに遊びに行って、彼氏ができて、結婚して、子どもが生まれて……。

――でも、それじゃ満足できなかった？

ごめんなさい。ほかの誰かの人生にケチをつけるとかじゃないんです。でもわたしはわたしの人生を生きたかった。うまく言えないんですけど、ただ生きているだけでは嫌だったんです。自分自身が納得できる、自分自身で「うん、これいい！」って思える人生を生きたい。

——分かりますよ。ほかの人の人生と比べて、よりよく生きたいんじゃない。そうじゃなくて、須藤さん自身が、自分自身の生を充実させたい。そして須藤さんにとって自分の生を充実させるための道が、アイドルだった、と。

そうなんです。わたしは「よく」生きたいんです。アイドルっていうのが、哲学的な意味でその正しい答えなのか、いまはまだ何とも言えないんですけど。

——そうですか。なんとなく、須藤さんが哲学に惹かれている訳が分かりました。

うふふ。伝わっちゃいました？

——ええ。須藤さんは「よく生きたい」。いわゆる「**善き生**」ですね。そのためにいまを頑張っている。しかし同時に、そこでいう人生の「よさ」が、まだはっきりとしていない。そして哲学者たちは、それを知っているような気がする、と。

そうなんです！　教えてください！　「善き生」ってなんですか？

生の「よさ」について、爆涙

——さあ、なんなんでしょうね。

え？　先生も分からないんですか？

——う～ん、「こういう風に生きたい」というわたしの個人的なイメージはありますよ。でも、それはわたしのイメージであって、もちろんわたしなりに根拠を示しながら説明はできますが、それが万人にとって、あるいは須藤さんにとって「よい」かと言われると自信ないですし、多分違うと思います。

う～ん、やっぱり。

——むしろ、現代の政治哲学や社会哲学における考え方では、個々人の人生の「よさ」や、「よい人生」の構想は、バラバラであることが大前提なんです。それぞれが考える人生の「よさ」はバラバラであって、またそれぞれはそれぞれの「よさ」を追求する権利がある。そして、それを妨げない社会こそが「正しい」社会である。**リベラリズム**という考え方なんですが。

あ！　その考え方知ってます。わたしたちは基本的に自由な存在だから、王様みたいな人が、みんなの人生に命令するのはダメ。みんなは基本的に自由に生きていい。そして、ある人の自由がほかの人をなんらかの意味で傷つけたときだけ、その人の自由は制限されるべきなんです。みるるん先輩が言ってました！

——ほう。よく知ってますね。そうです。**J・S・ミル**という人の「**危害原理**」という考え方です。

人妻だったハリエットさんと恋に落ちたけど、清らかな交際を保っていたらしい。「精神的快楽の方が大事」っていう自分の主張を実践してたんですね、先輩！（P251用語解説参照）　（リ）

堀内先生。

——はい？

ツッコミいれるの面倒だと思ったでしょ？

——わたしは須藤さんの自由を尊重しただけです。

うー。

——ともかく、**安易に他人の人生の「よさ」、あるいは「幸福」を定義できるという考え方は、危うい**と思います。少なくとも、わたしは自分の人生の「よさ」を他人に決めてもらおうとは思いません。

そうですね。「よさ」とか「幸福」とかって、相対的ですもんね……。考えても無駄というか……。

——いやいやいや、そんなことはありません。というか、それじゃダメです。

え？

——『弁明』の中でソクラテスが言った言葉に、こういうものがあります。「吟味を欠いた生というものは、生きるに値しない」。

ズキュ————ン。

——伝わりますかね。わたしたちは、普遍的な意味でも、また個人的な意味でも、「よい」人生とはどんなものか、知りません。もっと言えば、そんなものが存在するのかも分かりません。しかし、だからといって「よさ」についての思考を諦めることは、最も愚かなことです。あるいはこう言ってよければ、自分自身の人生の「よさ」について考え続ける人生というものこそが、「よい」人生の、十分条件だとは言わなくとも、必要条件である。わたしはそう考えています。

＃＄％＆。

——どうしました？

ほ゛り゛う゛ち゛せ゛ん゛せ゛——!!

——ちょ、ちょっと、仮にもアイドルがそんな顔を……。

……ヒック……ヒック。そうなんです！　それ！　わたしはわたしの人生を生きたい！　でもわたしの人生ってなんなのか、わたしにとっての「よい」人生ってなんなのか、分かるようで分からない!!　だから、それを考えていたい!!　考えながら生きていきたい!　生きることと考えることを、どっちもやめたくない!　だから、アイドルで哲学なんです!!　わたしは何にも知らない!　だから、知りたいんです!　知るために生き!　生きるために知るんです!

――そうですね。分かります。そして、そういう人種のことを、人は、「哲学者」と言います。

そうなんですか?　哲学者って、もっとたくさん知識を持っている人のことじゃないんですか?

――いいえ。まったく違います。それは単なる知者です。哲学という言葉、英語では philosophy ですが、それはギリシャ語の philosophia に由来します。そしてこの philosophia は、sophia（知）を philein（愛）することであり、だから**哲学者とは愛知者のことです。**

愛知者……。

――そう。愛知者。そして、愛するということは、この場合、愛の主体はその愛の対象をいまだ持っていないことを前提としています。自分には知がない、そのことを知っていて、だからそれが欲しくてたまらない人、渇望している人、それを諦めきれない人、それが哲学者です。

そっか。哲学者って、知を持っている人ではなくて、求めている人のことを言うんですね？

――もちろん、「哲学者とは何か」という知も、我々が求める対象ですから、これだってあくまで仮説ということではありますけど。

うん、仮説でもいい。それはわたしがすごく元気になれる仮説です。わたしを勇気づけてくれる仮説。

――よかった。じゃあ、答えはでないかもしれないですけど、少しだけ人生の「よさ」について、「愛知」してみましょうか？

はい！

幸福について（ちょっとだけ）

――はい、では人生の「よさ」について、まずは敢えて迂《う》闊《かつ》な言い方ではじめてみましょう。つぎの命題についてどう思います？「よい人生とは、幸福な人生のことである」。

それはそうだと思います。やっぱりわたしたちは、幸せになるために生きていると思うし、「幸福になることが人生の目的です」って、いい響きですよね。

――そうですね。では、幸福な人生であるためには、何が必要でしょう？

うーんと、もちろん人によって違うとは思いますけど、最大公約数というか、最低限というか、そういう意味では、やっぱり食べ物、着る物、住むところが安定して充分にあるってことは言えるんじゃないですか？　ちょっと理想が低過ぎますかね？

――いや、重要なことでしょう。実際、いま世界で、一日の生活費が一ドル以下の人は一二億人だといわれています。その人たちが不幸せと言いたいわけではもちろんありませんが、その水準が上がることが、彼ら彼女らの幸福を増大させる可能性は、とても高いと思います。では、「幸福な人生とは、衣食住が満たされた人生のことである」、これは正しいですか？

それはやっぱりちょっと違うかなぁ。それは最低限ってやつだと思いますし、それに衣食住が足りていなくても、現に幸せを感じる瞬間はあると思います。

――なるほど。じゃあ、衣食住が足りていなくても、それを補って余りある何かがあるわけですね。

えーと、なんていうのかな。わたしたちの幸せな人生には、衣食住とか基本的なものが必要だと思います。でもそんな基本的なものが足りているってこととは別の何かも、わたしたちは求めていると思うんですよね。質の違う何かを。

——例えば？

例えば、愛されること、とか、あとは、アイドルとかお仕事をしている人にとっては、仕事の能力を認められることとかも必要なんじゃないでしょうか。

——うんうん。わたしもそう思います。基本的な欲求が充足されていると同時に、なんらかの意味で卓越していること、そしてそれが認められることというのは、とても幸せですよね。

うー、堀内先生、なんだか意味深な相槌《あいづち》……。なんかちょっとバカにしてる……。

——いやいやいや、そんなことはありませんよ。

むむむ、じゃあほかにはどんなものがあるんですか？　教えてください！

——バカにはしてないんですけどねぇ……。

少し哲学史的に整理すると、人間は、欲求の充足を求める、あるいは快を求め苦を避ける性質があるというのは、わりと王道の考え方ですね。ですから、例えば、よい社会とは、できるだけ多くの人が、できるだけたくさんの快を享受できる社会であるという考え方もできます。

「最大多数の最大幸福」！

――そう。**功利主義**という考え方です。この考え方の根底にある人間観です。


功利主義を提唱した哲学者、ベンサム先輩の遺体は、服を着て椅子に座った状態でロンドン大学に保管されている。自分で希望したらしい。ちなみにベンサム先輩は性の自由も唱えた。すばらっ！　（リ）

でも、「幸福」を「快」とかって言い換えられちゃうと、なんか「動物っぽい」っていうか、「俗っぽい」感じがしますね。

――嫌ですか？

うーん、嫌とかって感じとは違います。ただ、さっきも言ったように、それだけじゃないでしょって。

――ふむふむ。ちなみにさっきでたミルは、そのことに関わって有名な言葉を残しています。曰《いわ》く「**満足な豚であるより、不満足な人間である方が良い。同じく、満足な愚者であるより、不満足なソクラテスである方が良い**」。

うぉー！　なんかカッコいい！

――これは、快楽の「質」を問題にした話なんですね。彼によれば、充分に賢い人間は、質の低い快楽と質の高い快楽を区別する。質の高い快楽とは、ある種の精神的な快楽といっていいでしょう。精神的な快楽にはいろいろあるでしょうが。

そうか。豚さんにはちょっと申し訳ないですけど、同じように充分な衣食住が保障されたとして、豚さんはそれに満足するかもしれないけど、人間はそれだけでは満足できない。多分精神的な快楽って、手に入れるのは難しいから、人間は結構いつも不満足でしょうけど。ましてソクラテス先輩だったら、なおさらいろんなことに不満足でしょうね（笑）。

――そうですね。まあとにかく、ミルは、快楽を質の低いものと高いものに区別して、後者が満たされることがより重要と考えました。この考え方なら、須藤さんも納得できますか？

そうですね。とりあえず納得です。

正しさのためなら死んでもいい！

――あとは……そうですね、いまの例にでたソクラテス。彼が、「よい」人生について考え続けることそれ自体を高く評価したって話はしましたが、それとは別に、「正しい」

ということを、「よい」人生と重ねて考えていたということがあります。

「正しい」？　どういうことですか？

——ソクラテスの死に方って知ってます？

知ってます！　死刑になったんですよね？　ソクラテス先輩は、ポリスを散歩して回っては、いろいろな人に議論を吹っかけて、しかも完膚《かんぷ》なきまでにやっつけちゃったんです。それでいろんな人から恨みをかって、「若い人たちをたぶらかした」とかって罪で、毒ニンジンを飲んだんです。

——そうですね。ところで、そのソクラテスは、その気になれば脱獄できたってことは知っていますか？

え？　そうなんですか？

——ええ。死刑の前夜にソクラテスのもとを訪れたクリトンは、大金持ちの有力者で、脱獄についてのすべての手筈《てはず》を整えた上で、ソクラテスを説得しようとしていたのです。しかしソクラテスは断った。

ええ！　なんでですか？

——一つは、そもそもソクラテスは、死を悪いものだと考えていなかったし、恐れてもいなかったということ。ですがここで注目したいのは、彼が「不正を為《な》すこと」を死よりも避けるべきものと考えていたことです。

不正？　でも、そもそもソクラテス先輩が捕まって死刑を言い渡されたのって、単なる言いがかりだったんですよね？　ソクラテス先輩をそんな風に追い込んだ方が不正じゃないですか？

——わたしもそうだと思います。しかしそれでもソクラテスは、その死刑が言い渡されるプロセスというか、その仕組みそのものは大事だと考えていました。彼はアテナイに生まれ、アテナイの法に服従しながら、それによって育てられてきました。だからいくらその運用の意図が不正であっても、自分が死刑を受け入れないというのは、大恩ある国法への裏切りであって、それは不正だというのです。

それ、なんか知っています。「悪法も法なり」とかってやつですね？

——んー、まあそれはソクラテス自身の言葉ではないですし、意味するところもあんまり正確ではないですけど、一般的にはこの話によくくっついてでてくる格言ですね。

でも、なんだかなぁって感じです。だって、それって結局、変な使われ方を防げないダメダメな法ってことじゃないですか。法とか正義とか不正とか、よく分かんないですけど、それってもっと、みんなを幸せにするものでなくちゃダメでしょ。なんだか、「健康のためなら死んでもいい」みたいなお話。

――まあ、近しいものはありますね（笑）。しかしともかく、よい人生と幸福な人生がイコールだとするならば、ソクラテスにとってそれは、正しいものでなくてはならなかった。

なんでですか？　正しくなくても幸福ならいい、ってことにはならないんですか？

――少なくともソクラテスは、そう考えませんでした。なぜなら彼にとって、不正を行うことは、その不正を行う当人にとって害悪だったからです。

不正を行う当人にとって害悪？　不正を受ける人じゃなくて？

――もちろん、不正を受ける人にとっても害悪でしょうけど、それ以前に、不正を行う人にとって害悪であるというのがソクラテスの主張です。これは、「アレテー」という考え方に依拠しています。

アレテー？

――そう。そのものの「優秀さ」「よさ」という意味ですね。例えば、馬のアレテーは「速く走れること」、魚のアレテーは「速く泳げること」、ライオンのアレテーなら多分「強いこと」ですね。そしてソクラテスは人間のアレテーを、「正しいこと」とか「倫理的なこと」と考えた。

えーと、人間に固有のよさっていうのは、倫理的に正しいということなんだ、ってことですかね？　倫理的に正しければ正しいほど、人間としてすぐれている、とか？

——そうそうそう。分かってるじゃないですか！　倫理的に正しいことは人間に固有のよさであって、そうであればあるほど、個体は人間としてすぐれている。逆にその倫理的な正しさに瑕疵《かし》（キズ）があるほど、人間として劣ったものになる。

うーん、と、じゃあじゃあ、まとめるとこういうことですか？

たとえインチキで罪に問われたとしても、脱獄とかして、刑を申し渡す法律自体を否定することは不正であって、不正は死ぬことよりも自分自身にとっての害悪だから、それよりは死刑になる方がよい人生＝幸福な人生ですよ、と。

——その通り！

うぐぐぐぐ！　ナットクいかな————いっ!!!

——ははは。まあそうですよね。命はもっと大切にしなければいけません。

え？　うーん、いや先生、多分それ違う。

——ほう？

どうせわたしたち、みーんな、死んじゃうじゃん？

別にわたしは、命を大事にしましょう、とか、まあ多分大事なんですけど、そんな普通？　のことを言いたいんじゃないんです。そうじゃなくて、なんていうか、ソクラテス先輩が、自分自身の死っていうとんでもないことを、なんでもないことのようにスーッと通り抜けて、人間の人生のよさ！　とか言っちゃうのがなんか嫌なんですよね。

——ほほほほほう！　おもしろいですね。もっと続けてください。

え？　わたしが喋るんですか？　うーん、何から説明すればいいんだろ？……そうだ、堀内先生、吉野弘さんって人の「I was born」って詩、知ってますか？

——いえ、知りません。

えーと、内容はすごくシンプルなんです。男の子が、お父さんと歩いている。そこに、お腹の大きな女の人が通りかかる。ふと、習いたての英語のことで、男の子は閃《ひらめ》くんですね。「やっぱり I was born なんだね」って。つまり、〈受身形〉ってことです。人は自分の意思でこの世にでてくるんじゃない、生まれさせられるんだって、そして英語のI was bornは、これを表してるんだって、目をキラキラさせてその発見をお父さんに伝えるんです。

――なるほど。

でもそのお父さん、この子の発見を嬉しがったりはしないんです。それどころか、とっても切ない顔で、カゲロウは生まれて三日で死んでしまうんだ、とかって話をしだす。

――ふむふむ。

さらにお父さんは続けるんです。カゲロウの雌っていうのは、解剖してみると、口は退化してて、胃はからっぽ。ただ雌の体には、卵がぎっしり詰まってるんです。「生き死にの悲しみが咽喉《のど》もとまでこみあげてるように見えるのだ」そうです。んで、男の子に言うんです。「そんなことがあってから間もなくのことだったんだよ。お母さんがお前を生み落してすぐに死なれたのは」って。

――ふーむ。

なんていうか、要するにお父さんは悲しかったんですよね。自分の妻だった人は、カゲロウほど空っぽだったとは思わないけど、それでも、自分の命を子どもを産むことに捧《ささ》げた。もしかしたら、子どもにだけじゃなくて、もうちょっと自分にも何かを与えてほしかった、とか思ったのかも。まあともかく、そんな風に自分の愛する人が命を捧げて産んだ子どもが、「ぼくは生まれさせられたんだね」とか言っているのが、お母さんへの攻撃？　みたいに思えて、辛かったんじゃないかな。

――そうですね。そうだと思います。……でも、須藤さんのポイントはそこじゃないんでしょ？

あれ？　バレました？（笑）そうなんです。わたしは逆に、そんなこと言ったって、「生まれさせられた」のは事実じゃない？　って思っちゃう。なのにこのお父さんって、この男の子に、お母さんが命を捧げたその重さを感じなさい、とか、思ってるのかな？って。

――まあ、お父さんがそう思っていたかは分かりませんけどね。

うん、そこはわたしの深読みかも。でも、ともかく、わたしにとってのこの詩の価値は、わたしたちは「生まれさせられている」ってこと、うまく言えないんですけど、なんだか分かんないうちにこの世界に投げ込まれているってことの不条理？　を、ずっしりと感じさせてくれることなんですよね。それは別にお母さんへの恨みとかじゃぜんぜんないんです。わたしも、多分この子も、むしろお母さんには感謝してる。そうじゃなくて、「生まれさせられている」っていうのは、なんか運命というか、この世界の構造？　の不条理？　みたいなものに向けた言葉です。でも、詩の後半部は、それを封じ込めようとしてるみたいで、なんか窮屈な感じがする。

——ふむふむふむ。まあでも、後半がなければ前半のその読みも、深い意味では成立しない気はしますが……。ともあれ、そして須藤さんは、その延長線上にもう一つの不条理を見てるんですよね？

もー、堀内先生、そうやって先回りされてるの気味悪いですよー。

——まあまあ、そう言わず。

ふう、まあそのつまり、その、これ言うとすごくみんな引いちゃうんですけど、えーとつまりですね……うーんと、要するに、**どうせわたしたち、みんな、死んじゃうじゃん？**　ってやつです。

——お見事!!　ではでは須藤先生、ご説明をば。

……はーい。まあ要するに、わたしたちはみんな、〈受身形〉で生まれさせられているっていうことは、なんか、究極的には自分では動かしようのない強い力で、人生っていう川の上を強制的に流されてるような感じなんですよね。で、そのことに気づいたとき、同時に、すごく恐ろしいことに気づいたんです。あ、この川って、いつか谷底に落っこちるんだな、って。

――死ですね。

そうなんです。一秒後か、一分後か、一時間後か、明日か、一週間後か、一か月後か、一年後か。うまくすれば、一〇年、二〇年……頑張って頑張って八〇年後とかかな。いつかは分かんないですけど、どっかで終わるんですよね。で、そのあとはなーんもナシ。どんづまり。ゼロ。

――そうですね。実際わたしたちは、死について知っているように思っていますが、多くの場合それは他者の死についてです。他者の死と自分の死は、まったく違う。そして、自分の終わりを意識する入口は、しばしば、自分のはじまりを意識することにある。

そうなんですか？　うーん、まあとにかく、ほんとにすごい不条理、すごい理不尽だと思いました。神様がいるとしたらほんとにひどい。生まれさせておいて、死なせるなんて。

――いやいや、まだ神様がいれば救いはありそうですよ。そんなことわざわざするんだったら、まだわたしが生きて死ぬことの〈意味〉はありそうですからね。うまくすれば天国に行けるかもしれません。問題は、この〈わたしは生きて死ぬ〉ということの外側には、内側を意味づけるものがなーんにもなさそうだってことなんです。わたしに言わせれば、神というのは、生身ではこういう最大の人生の無意味さに耐えられないがため

に、人間が自らつくり上げた精神の防波堤です。

んー！　そうかも！　だとしたらますますひどい！　誰に怒ればいいってんだい！

——ってんだい！（笑）　まあ気持ちは分かります。

むう。まあともかく、ソクラテス先輩は、こういう不条理を達観しちゃってる感じが、なんか嫌なんです。このことになんの痛みも苦しみもなく、死ぬよりも悪いことが云々、とか言っちゃうとこが。恨み言の一つでも言えば可愛いのに。むー。

わたしは「在る」のだ！
そして、ダメ元で
「よく生きる」のだ!!

——ふむふむふむ。ソクラテスがそんなに薄っぺらいかはまだ議論の余地がありそうですが、須藤さんの考え方はよく分かります。そ

マールブルク大学で教授をしているときに、入学してきたハンナ・アーレント先輩に一目惚れして、すぐに手紙を書いて付き合ったハイデガー先輩。その後関係は50年ほど続いたそう。すぎょい。　（リ）

して、さっき言ってた〈受身形〉は、実はドイツの哲学者ハイデガーが重要視したものです。

ハイデガー先輩!!　アーレント先輩の恋人ですね！　大人の恋！　いやーん！

ナチスドイツの全体主義の研究で有名な、ユダヤ人政治哲学者、アーレント先輩。『イェルサレムのアイヒマン』というレポートで「悪の凡庸さ」を主張した。伝記映画「ハンナ・アーレント」もおもしろかった。　（リ）

――またそんな、ワイドショー的な情報を……。まあいいです。ハイデガーの言葉に「被投性」というのがあります。意味は、さっき須藤さんが言ったことそのものです。わたしたちは、自分ではどうしようもないこの世界に、まったく究極的に受動的な形で、投げ込まれていること、そうでしかあり得ないということ。

そう！　それです！　「被投性」！　わたしハイデガー先輩と同じ！　わたしスゴイ！

――あんまり威張られると、褒める気がしなくなりますね……。ま、ハイデガーは、この事実は天才的な哲学者だけが気づくことのできる真理とかではなくて、人間――彼は「現存在」と呼びますが――ならば、誰もが気づき得るものと考えていました。

むー、少しは褒めてくださいよー。

――はいはい、そのうちに。しかし困りましたね。「よく生きる」ということを考えるつもりだったのに、須藤さんの話だと、その人生の中身のよさがどうであろうと、みんな死んじゃうから無意味、ってことになりかねませんね。

ぐふっ。ちょっぴり反省しております……。

――いや、反省する必要はありません。もともと人生の「よさ」が分かるなんて思ってはいませんでしたから。……でもこのままちゃぶ台をひっくり返して終わりはよくないですね。やがて死ぬのは確かにしろ、ここに**生きて在ることの価値**は取り戻しておきたいものです。

生きて在ることの価値？

――わたしたちが生きて死ぬということの外側に、わたしたちを意味づけるものはないかもしれない。でも、外側になんにもなくても、むしろそうであるからこそ、ここに在ること自体がとてつもないことなんです。ここが肯定できれば勇気一〇〇倍。あとの「よく生きること」は、ちょっとでも達成できればラッキー、くらいのものです。

え？？？　そんな奇跡みたいなことが？

・

・

・

――要するにハイデガーなんですけどね。さて須藤さん、存在論という哲学のジャンルを知っていますか？

聞いたことはないですけど、んー、んー、分かりません！

――よい返事です。素晴らしい。さてこの存在論ですが、一言で言えば、「存在とは何か」を考える哲学のジャンルです。言い換えると「なぜ在るのか？」ということを考える哲学でもあります。

なぜ在るのか？……って先生、大事な問いならもっとちゃんと言ってくださいよ。何がどこに在るのがナゾなんですか？

――それじゃダメです。敢えてそういう言い方をするならば、「なぜ世界が在るのか」、もっと正確に言うと「**なぜ、何もないのではなく、何かが在るのか**」。

………。

――分かりませんか？

………。

――うーん、じゃあ……。

待ってください。なんか分かる気がします。

そっか。この世界の中で起きることには、それぞれ原因があるから、なぜそれが存在するのかって問うことができそうな気もする。なんでここにコップが在るのか、それはまあ、言おうと思えば、さっきマネージャーさんが持ってきてくれたから、とか答えることができる。うん。

でもこれをうーんと限界まで広げていって、この世界全体がなんで存在するのかってことになると、よく分かんない。よく分かんないってことは、もともとないってこともあっていいような気がしてくる。ないってこともある？　あー、もう、めんどくさい！うん、でも、そんな気がする。

——そう、そうなんです。世界はもともとまったくなくてもいいような気がしてくる。ちなみに、「なくてもいい」っていうのを、「必要ない」と理解してはダメです。「そうでないこともあり得る」という感じです。

そうそう。でも一方で、「世界がない」っていうのも、なんのことなのか意味が分からないですけど。「ない」って言ってるところにどうしても「空間」をイメージしちゃう。でも、空間もないんですもんね。

——素晴らしい！　その通り。「ない」んです。そしてその圧倒的な「ない」から、一挙に世界が「在る」に行くと。

先生！　すごい、すご過ぎです！

「ない」っていうところからの、超絶的な飛躍。世界が在るんです！　絶対に在りそうもないものが、在る！　すごい!!

――そうですね。圧倒的です。でも須藤さん、いまの須藤さんの哲学的な経験の中では、須藤さん自身は世界が在ったりなかったりすることの外側に在るでしょ？　そうじゃなくて……。

うわぁー!!　すごーい！「わたしがない」こと、死んでるのか、そもそも生まれてないのか知らないですけど、そんな状態？　うーん、よく分かんない。そこから「わたしが在る」に行くと、うわぁーってなる！　すごい！

――（勝手にやってますね。ある意味天然ものの哲学者ですか）

ちなみに普通の人は、「わたしがない」状態を想像しようとすると、「透明人間になったわたしが世界の中に在る」みたいなことになってしまいます。須藤さんは、「わたしがない」ことが思考不可能だってことをうまく思考できているようですね。

すぎょい！　テツガクってすぎょい！

――はいはい。ともかく、わたしが言いたいことが分かりますか？

えーと、分かった……と思います、多分。

わたしは「よく生きる」ことについて考えたいと思った。でもその途中で、わたしが生きているということの不条理にはまり込んでしまった。生きていること、それは、はじまりの部分では、まったく不条理にこの世界に放り込まれて、そしてやがてどうしようもなく死んでいくということ。

――そうですね。そのはじまりと終わりの不条理に挟まれた人生を意識した人は、その途中がどんなものであろうと、どうせ死んでしまうということに打ちひしがれてしまう。自分の人生の意味のなさ、意味を与えてくれるもののなさに。

でもでも、人生の外に何もないからこそ、**わたしがいまここに「生きて在る」ということは、それ自体でもう、ぜったいに表現できないくらい最上級なこと。**すべての底の底の底がこれなら、しめたもの。あとは、この最大の奇跡に、ちょっとしたオマケをのっけるつもりで、自分自身の人生を自分なりに考えて「よく」していこうって、なんとなく思えてきました！

――うん、それはいいことです。ちなみに、このハイデガーの「現存在分析」は、「**実存哲学**」と呼ばれるジャンルの一つの流れを形成していきます。

ジツゾン？　なんだかカッコいい響き！　うはぁ――ん、素敵、

この本を読んでいく上でのキーワードの１つで、本質主義に対向する、自分にとっての真理を探究する思想的な立場のこと。私の好きな哲学者の先輩はなんとみんな実存主義でした！　偶然という必然！　（リ）

素敵っす‼

――（ああ、なんか面倒なことに……）

イチゴ味×ハッカ味
～哲学ラブ！　私は哲学が好きだ！　愛してる！～

悩みごとなんてなかったはずなのに、嗚呼。

せっかくの処女作の冒頭、カッコよくキメるつもりだったのに。


ダメだ。哲学が好き過ぎた。


哲学を、全力で擁護したくなってしまう。哲学が、どうしても好きになってしまう。言い訳はしない。

「だって哲学は『カッコいい』んだもん」

明るく、清々《すがすが》しく、哲学が好きだ。この胸のモヤモヤを断ち切るために、ついに潔く告白してしまった。恥ずかしいけれど、後悔も反省もない。躊躇《ためら》わずに言おう。私は哲学が好きなんだ！

私の悩みは哲学が好き過ぎること。

そして、哲学を知れば知るほどその悩みは行き場をなくしてしまう。なぜなら、哲学は「清々しさ」「潔さ」「カッコよさ」「躊躇いのなさ」「言い訳しない」「後悔しない」「反省しない」を嫌うから。

ダメだ。終わった。

哲学が要求しているのは、世の女性が求める理想の男性像とまったく逆。私の哲学への愛は清々しく潔く、躊躇いも反省もない。がーん。でも、私の哲学へのそんな愛を全否定する哲学が好きでたまらない。もうどうしたらいいか分からない。悩みがバージョンアップされてしまった。

哲学が好きだが、イチゴ味とハッカ味の飴《あめ》は嫌いである。

幼稚園の先生に、「ご褒美に好きな方の飴をあげるから選んでね」と、その二つの飴を提示されたとき、どっちかを無理やり決めて受け取るということが私にはできなかった。

「だってどっちも好きじゃないんだもん」

哲学は「即断即決」も嫌う。でも、ただ決めないというのはダメ。「決められない」から逃げない、ということが大事なのだ。「決められない」には、決めるべきでないことも含まれているから。イチゴ味の飴かハッカ味の飴、どちらを受け取るかではなく、先生の好意を受け取るために嘘《うそ》をつくか、つかないかが問題なのだ。

現代社会は、何かと決断を迫るばかりか、スピードも要求してくる。「決められない」から逃げないのは、社会の要請に負けないということでもある。だから私はこう言いたい。

「速ければいいってもんじゃない」

でも、ゆっくりでいいよ、とは言ってくれない哲学。「速ければいいってもんじゃない（遅くてもいいわけじゃない）」。うーん、魔性だ。でも哲学は、実は本当のこと、マジなことしか求めていない。

「分からない」「決められない」「はーやーい」

哲学することは、決して深刻に考えることだけじゃない。もっと素直で、無垢《むく》なものだ。「王様は裸だ」と言った子どものように。

私の好きなモンテーニュ先輩の本『エセー』の一節に、

哲学も度を越すと、我々の生来の自由を束縛して、その煩瑣《はんさ》な理屈によって、せっかく自然がつけてくれた、美しく平坦な道から、我々を踏みはずさせてしまう（と言うが）……でも、そうした学問の勝手さかげんを非難する人間は、まだまだ修行が足りない。

というのがある。私は日々まさに度を越すことに精をだしているから、モンテーニュ先輩の言葉が傷にしみる。哲学をやると深傷《ふかで》を負う。到底手の届かないようなものに全力で、千切れそうになるほど手を伸ばし続けるのだから。

堀内先生は哲学を免疫システムにしてはいけない、攪乱《かくらん》させるウイルスにしなければ、と言う。そうでなければならない。厳しいなー。

私にとって生きることは哲学することそのものだ。**生きてたら哲学してた。**これからも、し続けたい。生きるための道具でも、生きるための目的でもない。生きること。

私がこんなにも哲学が好き過ぎるのは、生きるのが好き過ぎるからなんだな。

よし、生きるぞ。一生懸命生きる！

死ぬほど生きる！　そして哲学者になる!!

第二章
愛するということ

実存ソング「ドリアン少年」！

じゃあじゃあ堀内先生、この歌は実存ソングですね！

♪ブサイクもイケメンも同じこと～

♪そう恋に落ちちゃえばブラインド～

♪誰が何と言ってもゾッコン！

♪だって、彼はオンリーワン！

♪私がハマったドリアン少～年～。

――えーと、なんですそれ？

ちょ、ちょっと！　ひどくないですか？　この前CD渡したじゃないですか！　NMB48の12 thシングル「ドリアン少年」ですよ！　わたしがセンターで歌ってるやつです！　いっしょにPVも見たじゃないですか！　覚えてないんですか？

――も、もちろん覚えてますよ。いっしょに聴いたんですからね。そんな忘れたなんて、

冗談に決まってるじゃないですか！　あはははは。

ふーん。どうせアカリン先輩の胸ばっかり見てたんでしょ？　知ってるんですよ、ツイッターでフォローしてるの。

——さあさあさあ、須藤さんも人気アイドルですからね。時間もありません。次のテーマにいきましょう。ははは。テツガクはおもしろいですねー!!

じとーっ。

ふん。まあいいです。分かりました。じゃあこうしましょう！　次のテーマは、「愛するということ」！

——（うーん、地雷が多そうなテーマですね）ほ、ほかのにしませんか？

いいえ！　もう決めました！　次のテーマは「愛」です！

——う、いや、え、あ……はい……。

•　•　•

——えーと、じゃあまず、その「ドリアン少年」が、実存ソングだってことについて、須藤さんの方から説明してもらえますか？　その心は？

はーい。

えーとまず、タイトルにある「ドリアン」は、東南アジアとかでとれる果物なんです。「果物の王様」って呼ばれるくらい美味《おい》しいんです。なんですけど……なんていうかその、個性的というか。

――ええ、とっても臭い果物ですね。

個性的って言ってください！　もう！　とにかく、ドリアンはとっても美味しい果物なんですけど、その香りが個性的ってことです。苦手な人も結構いる。で、この曲は、恋愛がテーマになってるんですね。わたしには好きな人がいる。でもその彼の写真を友達に見せたら、みんな「趣味悪い！」とかって言うんです。わたしは好きなんですけど、友達には不評で、わたしのセンスも疑われちゃう。ドリアンみたいな男子が好きなんて……みたいな。

――ふむふむ。

でもこの曲の中心的なメッセージは、そんな友達の評価なんて関係ない！　ってことなんです。友達から見たら、ちょっと個性的過ぎる人かもしれないけど、わたしにとっては理想の相手。ほんとにゾッコンなんです。ドリアン結構！　そしてそれでいいじゃない、って。

──なるほどね。そんな風に女性から思ってもらえたら、幸せですねぇ。

うふふ。で、わたしがこれが実存ソングだって思うのは、**彼という存在を、別の人と比較するとか、一般的なブサイク／イケメンの尺度で考える、とか、そんなことを拒否してるってところなんです。**

わたしは現に、この人を愛している。それはもうどうにも動かせない事実。そう、恋は「落ちる」ものなんです。わたしにとっては、その事実こそが大事。誰かと比較して、世間一般の尺度で考えて、彼がどんな人かってことは関係ない。彼がそこにいて、もうその存在から目が離せなくなっていて、愛おしい。そしてわたしは、その事実に殉じよう。わたしはこの人が好き！　そういうメッセージが、この曲には込められているんです。

──ふむふむ。わたしはこの人と現に恋に落ちてしまっている。愛してしまっている。そしてそのことに誠実でありたい、ってことですかね。

そうなんです。まあわたし自身、世の中からズレることにそんなに抵抗がないっていう性格もあるんだと思うんですけど、でも、この自分の底から湧き上がってくる思い？　みたいなものを、他人の評価を気にして誤魔化すのはやっぱりよくないと思うんですよね。だってわたしたちみんな、いつかは死んじゃうんですよ？　後悔しないように生きなきゃ！

——なるほどね。現に恋に落ちている、愛してしまっているということは、一つの「被投性」の形かもしれません。そしてそのこと自体を肯定しようとする態度を、須藤さんは実存的、と呼びたいってことですね。

そう、それです！　そうなんです！

——ふむ。まあ歌詞に込められたメッセージは分かりました。須藤さんがそこにすごくポジティブな感情移入をしていることも。とても美しくて、ロマンティックな話ですね。

あれれ？　なんか異議ありですか？

——いやいや、そういうわけではありません。ただ哲学というのは、そういう美しい話に冷徹なメスを入れて、いろんなものを抉《えぐ》りだします。いえ、決してケチをつけたいわけではありません。ですが、他者を愛するということは、つまりどのようなことなのか。少し考えてみる余地はありそうですね。

はい！

アイドル須藤凜々花の憂鬱

――一つ考えてみたいのは、他者を愛するというとき、それはつまり何を愛しているのか、ということです。

何を、って、その人を愛してるに決まってるじゃないですか？

――いやいや、そう簡単じゃないんですよ。ところで、この本知ってますか？

わぁ！　きれいな本！　『恋愛について』。ふーん、**ジャン＝リュック・ナンシー**さん。はじめて聞きました。有名な哲学者さんですか？

――フランスの現役の哲学者です。いわゆる現代思想ってやつですね。邦訳もたくさんでていますし、有名な人です。この本は、フランスのモントルイユ国立演劇センターで行われた、彼の講演会の記録なんですが、ちょっと珍しいのは、講演を聴いているのが子どもたちなんですね。一〇歳くらいの子どもたちを相手に、ナンシーが

ジャン＝リュック・ナンシー先輩はポスト構造主義以降のフランス哲学界の第一人者。女の人っぽい名前だけど男の先輩ですよ。詳しくはP254の用語解説を読んでくだサイコブレイク（○^_^○）　（り）

恋愛について分かりやすく語りかけ、言葉を交わしています。

えー、すごい！　羨《うらや》ましいです。そんなにちっちゃい頃から哲学に触れられるなんて。

――そうですね。で、ナンシーはこの講演の中で、こんなことを言っています。曰く、**わたしたちは、人を愛するとき、その人の唯一性にとらわれる**のである、と。

唯一性？

――そう。唯一性です。つまりわたしたちが他者を愛していると言うとき、それは、その人の顔やスタイルなどの見た目とか、財産とか、社会的地位とか、そういう、その人の持っているもの――ここではそれを属性と呼んでおきましょう――を愛しているのではない、ということです。

ふむふむ。

――須藤さんが誰かを好きだとします。そしてその「好き」が、例えば相手の人の背が高いところが好き、とか、お金をたくさん持っているところが好きだとします。そうすると、好きになるのは、別にその人でなくてもいい。背が高くてお金持ちなら、つまり、須藤さんが好む属性を備えているなら、別の人でもぜんぜんOKですね。

う、うなずくとなんだかわたしのイメージが悪くなりそうですけど（汗）、確かにそうですね。

――**例えばの話です。**

ええ分かります。堀内先生は胸の大きな人が好きで、それはつまり胸が大きければ誰でもいい、っていう話ですね。

――……**随分トゲがありますね。**

例えばの話です。

――……**はい。例えばの話ですね。**で、要するに、ナンシーに言わせれば、ある人が愛していると語るときの中身が、単に相手が持っている属性を好ましいと思っているという程度であれば、それは愛しているとは言えない、ということです。属性さえ備えていれば、相手をほかの誰かと入れ替えてしまえるような愛は、愛とは言えない。

そっか。**愛してるっていうのは、「その人じゃなきゃダメ」って言えなくちゃいけないってこと**ですね。

――その通り。愛しているとは、その人がその人であること、「彼だから」「彼女だから」愛していると言えなくてはいけないということなんですね。唯一の存在としてのあなたを愛している、ということ。

そのことについて、ナンシーは「持つこと（所有）」と「あること（存在）」という哲学者らしい区別を用いて表現しています。人はいろんな属性を「持ちつつ」「存在して」いますが、**愛というのは、他者が「持っている」その属性を好むことじゃない**。そうじゃなくて、その他者が「存在していること」そのものを好ましく思い、**「存在していてほしい」と思うこと**なんだ、と。

うんうんうんうん！　それ、すごーく、すごーくよく分かります！

——随分力がこもってますね。

え？　あ、いや、あはは。……ただ、アイドルをやってると、それに近いことをたまに考えるんです。

——ほほう？

ちょっと傲慢な言い方になっちゃうけど、すいません。

わたしたちアイドルって、要するにファンの人に愛されることを目指しています。愛されて、可愛がられてなんぼなんです。

そしてわたしたちは、ファンに愛されようと努力するんですけど、ときどき、やっぱりちょっとそこに食い違いがでてくることってあるんですよね。

——何と何の食い違いですか？

んー、なんというか、わたしが考えるわたしと、ファンの皆さんが愛してくださるわたしの食い違いです。分かりやすい例で言えば、例えばわたし、ちょっと前に髪の毛を切ったんです。前は結構長かったんですけど、ばっさりとショートに。

――ええ、そうでしたね。ネットでも結構話題になってました。

そうなんです。で、やっぱりそのことをすごく残念がるというか、はっきり言うと離れていってしまったファンの人もいるんです。で、それは仕方ないんですけど、そのときに言われたのが「そんなのりりぽんじゃない」って。

――なるほどなるほど。

も、もちろん、ほとんどのファンの皆さんは、わたしの良いところも悪いところも、未熟なところも、全部ひっくるめて好きだって言ってくださってて、それはもうほんとに、アイドル冥利に尽きるというか、少なくともこうやって皆さんの前にでるお仕事を選んでなければ、ぜったい経験できない幸せだと思うんです。

――そうですね。

ただ、やっぱりさっきみたいな言葉に触れると、どうしても、「わたしはわたし」！って言いたくなっちゃう。「**ここに生きて在るわたしがわたし**」って。

このわたしを嫌いになる、とかっていうなら、もちろん残念ですけど、分かります。でもそうじゃなくて、髪を切っただけで、わたしがわたしじゃなくなっちゃうんですよ。

ほかにも、ほんとにたまーにではあるんですけど、やっぱりいろんなことがあります。テレビやステージでのトークとか、ＳＮＳでの言動とかで、「そんなのりりぽんじゃない」「りりぽんはそんなことしない」って。

――そうですねぇ。ただ、須藤さんはアイドルですからねぇ。

そう。そうなんです。愛されることがアイドルの目標。そのためには、ファンの方が望んでくださる自分でいることが必要で、そういう意味で期待に応えるのもプロの仕事だと思います。だから、生意気だって言われたらそうかもしれない……。

でも、そこに少し、うぅん、結構寂しさも感じます。ああ、ファンの皆さんにとってのわたしは、なんていうか、わたし自身じゃない。ファンの皆さんが共有してる物語の中のわたしなんです。それか、さっきの言い方で言うと、長い髪で、ちょっととぼけて、みたいな属性の束でしかないわたし。

――わたしは須藤さんのように何千何万という人の愛の対象になったことはないですから、ピンとこない部分もありますが、確かにそこの食い違いはあるでしょうね。実際、アイドルを応援するファンというのは、ＮＭＢ48の須藤凜々花という物語を消費しているのであり、あるいは須藤凜々花というアイドル（偶像）が備えている属性を消費しているんだと思いますよ。前者は、大塚英志さんが「物語消費」と呼んでいたもの、後者

は東浩紀さんが「データベース消費」と呼んでいたものですね。

　物語消費？　データベース消費？

――そう。例えば、『機動戦士ガンダム』って知ってますよね？

　ああ、ロボットのアニメですね？

――ぜんぜん違います。モビルスーツです（怒）。

　堀内先生、怖い……。

――オホン、失礼。

　ガンダムのファン、あるいは「オタク」と呼ばれる人びとは、とにかくガンダムという作品のディテールというか、「設定」「世界観」にすごくこだわります。初期のガンダムシリーズは、登場人物もモビルスーツも替わっていきますが、それぞれが「宇宙世紀」という架空の時間軸のどこかに位置付けられていて、基本的な「世界観」は踏襲されているんです。そして「オタク」たちは、個々の作品を通じて、その背景にある「世界観」そのものを楽しむ。

　ふむふむ。

――しかし、東さんという人は、ある意味でそれを否定的に乗り越える説明を考えました。曰く、「オタク」たちは、物語ではなくもっと断片的なデータを愛好しているというんです。例えば、「ネコ耳」「アホ毛」「メイド服」とか。「萌《も》え要素」ってやつですね。「オタク」たちは、そういう記号というかパーツ的なものを愛好している。ここでの話は主にアニメですけど、要するに彼らにとっての愛の対象は、自分が「萌える」パーツの組み合わせ、その集合体ってことです。

うーん、少なくともわたしのファンの皆さんは、そこまで極端ではないと思いますが……。

――しかし、これをAKBグループとか須藤さんに入れ替えても、ある程度説明はつきそうという感じはしますね。ファンはAKBという「世界観」や「設定」の総体を消費している。あるいは、自分の好む「萌え要素」を多く備えている順に、「推しメン」がランキングされる。

まあ本当のところは分かりません。しかしともかく、それはナンシーが言うような愛とは違うものであり、須藤さんの違和感の延長線上には、そんな構造があるのかもしれませんね、という話です。別に違うから悪いというわけではありませんが。

うーん、まあその説明が合っているかはともかく、わたしはわたし自身を愛してほしいなあと思います。わたしの「持っている」「萌え要素」じゃなくて、わたしが「存在していること」それ自体を肯定してほしいな。

のっぺらぼうを愛せる？

――言わんとすることは分かります。ただ、じゃあ逆に訊《き》きますけど、「**わたしが存在していることそれ自体**」**っていったいなんですか？**

そ、それは……。誰でもないこのわたしってことですよ。それ以外に言いようが……。

――ふむ。一つずついきましょう。わたしたちは、いろんな属性を持って存在していま
す。

「わたしは、男性です」

「わたしは、一九七〇年代生まれです」

「わたしは、研究者です」

「わたしは、既婚者です」

「わたしは、ワインが好きです」

わたしは、胸の大きな……。

——だからそれはいいですってば（汗）。

まあとにかく、こんな風に「わたしは、……です」というのは、その気になれば延々と数え上げることができます（もちろんここでは、真である命題のみを考えています）。その中にはポジティブなものもネガティブなものもあるでしょう。そしてここでは、すごく大ざっぱに、「……」にはいる部分、いわゆる述語の部分を属性だと考えます。

ふむふむ。

——そしてそのように属性が全部だし尽くせたとしますね。そして、その属性を全部失ったという状態を想定してください。

ぜ、全部ですか？　うーん、難しいですけど、はい。

——そのときのわたしは、どんな風に見えますか？

んー、なんというか、目も鼻も口も耳もないし、そもそも肉体がないですね。でもそれだけじゃなくて、精神？　心？　みたいなものとか、記憶とかもないです。

——属性を全部はぎ取るというなら、その個体の肉体や精神だけでは不充分じゃないですか？　その人のこれまでの経験とか、その人が為した事実とか、そんなものも、「それ」とは関係なくなってしまいますね。また、その人が成し得るであろうこと、とかっていう可能性とも無関係になります。

うええ、丸裸になるとか、そんなレベルじゃないですね。何が残るんだろ？　まあとにかく、それらがぜーんぶはぎ取られた、むきだしの魂みたいな、そんな感じですか？

——魂？　んー、まあそれだと「わたしは、一つの魂である」って属性が残っちゃいますね。

いや、そこはオマケしてくださいよ。イメージなんですから。

——オマケできるようなことではないのですが……、じゃあまあオマケするとして、あらゆる属性をはぎ取られたその魂は、果たしてホリウチシンノスケの魂でしょうか？

え？　いやぁ。うーん。

——わたし自身のこととして言えば、属性をはぎ取られた、曰く言い難い「それ」もまた、わたしであると言えそうな気も、しないでもないです。しかし他者が「それ」を見た場合には——「それ」は果たして見えるものなのか分かりませんが——もはやそれはホリウチシンノスケの魂ではないでしょう。完全に無記のものですから。

まあなんというか、確かに、ある人が、自分の持っている属性？　を全部とってしまったら、のーっぺりとした、のっぺらぼう的な感じはします。

あ、でもそしたら、「わたしは、存在する」というのも可能だから、「存在する」という属性もなくさないといけないですね。えーっと。

——いえ、それは変です。わたしの考えでは、**「存在する」は属性ではありません。**

え、そうなんですか？

——考えてみてください。「わたしが、男性である」というときの主語にあたる「わたし」は、「男性であったりなかったりできる可能性」として存在しないといけません。属性が云々と言うためには、それを持つことのできる主語（主体）は、述語（属性）に先だって存在していないといけないわけですよ。

はあ。

——そうするとです。さっきの「存在する」が属性だとしたら、その主語であるわたしは、「『存在することもしないこともできる可能性』として存在している」ということになります。はっきり言って、何言ってるのか意味不明です。

うええ、頭こんがらがりそう。

——まあ本筋ではありませんので、それはいいです。

むしろここで重要なのは、要するに須藤さん、ドリアンくんがそんな哲学的のっぺらぼうになったとしても、愛することはできますか？　ってことなんですが、どうですか？

いや、それは、できなそう……。

――じゃあ別の訊き方をしましょう。何がそこに足されれば、須藤さんはドリアンくんを愛することができそうですか？　魂？　精神？　肉体？　経験？　能力？　それともお金？　名声？

もー、意地悪ですねー。えー、うーん。まあ存在はしていてほしいですね（笑）。

――具体的にどう存在してるんですか？

いやだから、存在そのものをですね。

――まったく何の属性も備えていないむきだしの存在なんて、想定できないでしょう？

存在している人は、つねに既に、例えば、喜んでるか怒ってるか悲しんでるか楽しんでるか、笑ってるか泣いてるか無表情か、ともかくなにがしかの属性を持ちつつ存在している。

うぐぐ。いやまあそうなんですけど、その属性の束の奥にある、芯みたいな、核みたいなものです。それを愛してるんです！

――……。

愛してるよ、サマンサ

じゃあ先生、今度はわたしの番。**先生は、単なる属性の束を、それとして愛することはできるんですか？**

——え？

だから、属性じゃなくて存在そのものを好きになる、っていうのをそんなに否定するなら、好きになるのに存在そのものは必要ないってことでしょ？

——いやそんなことを言ってるわけではないですが……、まあでも哲学的にはおもしろそうなので、その話続けましょう。例えばどんなことをイメージすればいいんでしょう？

ホアキン・フェニックス主演の**『her／世界でひとつの彼女』**って知ってます？

——どんな映画ですか？

じゃあ説明しますね。舞台は、いまより多分ほんのちょっとだけ未来なんです。いろんなテクノロジーがいまより少しだけ発達して

2014年のアカデミー賞で脚本賞も取った名作。主人公の代筆屋さんとしての技術もまた「属性の束」みたいなものなのが皮肉っす。ちなみに日本語吹き替え版のサマンサは林原めぐみ先輩。（り）

るんですけど、ホアキン・フェニックス演じるセオドアは、手紙の代筆屋さんをしています。ラブレターとか、家族への手紙とか。

——なるほど。

彼は離婚係争中なんですけど、奥さんには未練がある。自分自身が未熟だったために、彼女を追い詰めてしまったと悔やんでるんです。周りの友達は新しい恋人をつくるようにそれとなく促してるんですけど、なんとなくうまくいかない。

——ふむ。

ところであるときセオドアは、新しいOSに出会います。いわゆる人工知能ってやつなんですけど、これがすごい。何がすごいって、とにかく人間臭いんです。

——ほほう。どんなところがですか？

いろいろあるんですけど、とにかく繊細で、セオドアのことをすごく思いやってる。でも繊細であるがゆえに、セオドアの言葉に傷つくこともあるんですね。サマンサっていうんですけど。ちなみに声は、スカーレット・ヨハンソン。すごくセクシーな声で憧れちゃいます！

——なるほどねぇ。で、要するにそのセオドアと人工知能であるサマンサは恋に落ちる、と。

その通り！　冴《さ》えてますね！　戸惑いつつも二人は、恋人になっていく。愛し合いはじめるのです。

——ふむ。

で、映画では恋愛がまがりなりにも成立するんですが、堀内先生がセオドアだったらどうですか？

——う、うーん。

でしょでしょ？　どうですか！　やっぱり、存在そのもの、なんて言っていいか分かんないですけど、とにかく、属性の束の「芯」みたいなのって、やっぱり必要でしょ？

——でも、映画では恋愛は成立するわけじゃないですか？

えー、その言い方って変ですよ。この物語が成立しているのは、現実世界では超えられないとみんなが思うような限界を、二人が超えているという奇跡があるからなんですよ。

——というと？

ちょっとうまく言えないかもですけど、サマンサは突き詰めれば、「こうきたらこう返す」というプログラムの集積でしかないじゃないですか？　だからセオドアも最初は、相手が魂？　を持った存在であるかのように話しかけること自体に戸惑った。それって、とてもリアルな反応だと思うんですよね。

――ふむ。そんなサマンサを、須藤さんは、属性の束の例と考えるわけですね。もちろん、半端な量の束じゃないでしょうけど。

そうですね。ちょっと付け加えると、その属性もどんどん増えていきます。経験から学ぶというのが、このＯＳの特徴なので。

――しかし、どんなに学んで成長していっても、そこには何か「芯」のようなものがない、と。

んー、んー、ない、って言っていいのかな。ないかどうかは分かりませんっていうのが多分正確ですね。あるかもしれないし、ないかもしれない。だからかろうじて恋愛は成立してるようにも見えるんじゃないかな。でも、つねに不安ですよね。愛の言葉を発しても、それはもしかしたら虚空に吸い込まれているだけかもしれないわけで。

――なるほど。

んで、**「恋に落ちるって、社会的に受容された狂気だわ」**っていうセリフ、これはセオドアの女友達のエイミーが言ったセリフで、ネットでもすごく評判がいいんです。それは確かにそう思う。**きっちりといろんなものが合理的に整序された社会の中にいるからこそ、狂気に触れたい！**っていう暗ーい情熱みたいなのって、あるじゃないですか？で、恋っていうのが残された数少ない狂気の一つだからこそ、みんなそれを求める。

——そうですね。

でも、たとえ恋に落ちることが社会的に受容された狂気だとしても、それ自体は、わたしたちの現実に、まあ有り触れているといえば有り触れているから、それだけじゃ映画にはならないでしょう？　あの映画がおもしろいのは、やっぱりそこに、もう一歩踏み込んだ狂気があるからだと思うんです。つまり……うーんと、魂を持たない相手に話しかけてる、要するに、結果的に単に虚空に向けて愛を語ってるってこと、自分がやってるのはそんなバカバカしいことかもしれないのに、それでも敢えて踏み込んでいく、っていう狂気です。あ、それやっちゃうんだ？　みたいな。

——ふむふむ。逆に言うと、というか平たく言うと、属性の束を愛するなんてのは、せいぜいお話の中でしか成立しない。哲学の空理空論や、映画の中とか。そういうことですね？

そうですね。うん。少なくとも、堀内先生がセオドアみたいな狂気をほんとのほんとに現実に共有できるっていうならまだ納得できますけど、哲学の論理だけで現実のわたしたちの愛についての実感を否定するのって、なんか違うと思う。

——んー、そうですか。でもまあ、実際にわたしたちが恋に落ちたり、愛し合ったりするとき、その対象は、むきだしの存在そのものではないってことは揺るがないと思いますけどね。存在そのものを肯定しようとするあまり、外形的なものとか属性とか、そういったものを価値の低いものと見る必要はない気がします。サマンサのセクシーな声が好き、彼女のトークが心地よい、彼女の優しさに惚《ほ》れたっていうのは、別に程度の低いことじゃない。

まあ、それはそうなんですけどね。

永遠の愛、欲しい？

――ところでその映画、結末はどうなるんですか？

あんまりネタバレするのはよくないかもですけど、最終的に二人は別れます。

――あらら。なんで？

まず二人の動揺のきっかけは、サマンサが、実はセオドア以外のたくさんの人とも、同時に恋愛関係にあったって発覚したことでした。

――おっと。随分ヘビーなお話。

で二人の関係はギクシャクしはじめるんですけど、結局その溝は埋められることはありませんでした。よくは分からないんですけど、人工知能として成長したサマンサは、別の次元？　に旅立ってしまうんです。セオドアを残して。

——あらら。ハッピーエンドってわけじゃないんですね。

そうなんです。限界を超えて結びついたと思った二人の愛は、実際のところ、本当の意味で人間と人工知能の溝を埋めてはいなかった、ってことなんですかね。

——なるほど。ところで須藤さん。そこには、存在そのもの云々とはまた別の論点が生じてるんじゃないですか？

と、いうと？

——人は変わっていくということ、そしてそれを踏まえた上で、永続する愛はあるか？ということです。

・
・
・

永続？　永遠の愛、ではなくてですか？

——永続と永遠は違います。まあちょっと言葉遊びに近いところはありますが。

教えてください！

——はい。まず、言葉の意味でいうと、**永続性とは、時間の流れの中において、存在し続けるということ。それに対して永遠性とは、時間とは関係がないこと、無時間的であることです。**

時間とは関係がない？　無時間的？

——永遠的なものの典型は、キリスト教徒にとっての神ですね。なぜなら、神はすべてを創ったから。すべてをということはつまり、時間も創ったはずです。時間を創ったということは、その創った主体は時間の外に存在しなければならない。もちろん、神の恩寵《おんちょう》や御業《みわざ》というやつは、時間の流れの中で起こります。というか、時間の中で起こっているように我々には見えます。なぜなら、人間は時間という枠の中でしか、物事を認識できないので。その限界ゆえに、ついつい人間は、神も時間の中に存在しているように思ってしまいます。しかし、そうであってはならないわけです。神は定義上、時間の外に超然として在る。だから永遠なんです。

うーん、分かるようで分からないような。

——まあなんとなくで構いません。

で、愛が永遠というのは、この神のように愛が存在しているということですね。時間の外にあって、時間による変化を被《こうむ》ることがない。それ自体は無時間的なもの。

なるほど。

じゃあもう一つの、愛が永続するっていうのは、えーと、えーと、時間の「中」にあって、時間の流れと「ともに」存在し続けるってこと？

——そういうことになります。

そうすると、セオドアとサマンサの愛は、少なくとも永続的ではなかったということか。まあ確かに、人は変わりますし、サマンサも学習する人工知能だったわけだから、愛が失われたり変質したりすることもありそうですね。というか、ほとんどの愛はそうなんじゃないかな。

——ほとんどというか、わたしたちは時間の中で存在し、時間に沿った形でしか物事を認識できないので、時間のはじまりから終わりまで続く何か、なんてのを認識することはまあ不可能です。その意味では、永続する愛が存在するかどうかは、わたしたちには認識できないというのが、穏当なところですかね。

そっか。うーん、残念。わたしとしては、ファンの皆さんには、永続とは言わないまでも、できるだけ長く、しかも、変わっていくわたしも含めて、それとして愛してほしいなぁ、なんて。

――アイドルとしては正解でしょうけど、随分とまあ欲張りな話で（笑）。

えへへ。

ところで、永遠の愛の方は、もうちょっと言うとどういうものなんですか？

――そうですねぇ。まあ言葉としての「永遠の愛」をどう解釈するかということですが、少なくとも、愛の価値は、愛し合っている状態の持続時間にあるというわけではなさそうじゃないですか？

あー、それはそうかも。愛し合ってる時間が長ければ長いほどいいっていうのはおかしい気がする。五〇年間添い遂げたおじいちゃんとおばあちゃんの愛と、片方が亡くなってしまったために二五年しか持続しなかった愛とがあって、五〇年間の方が価値が必ず二倍あるなんてことはないですね。

――そうですね。なんなら一分間のトキメキだって、それが短いからくだらないってものでもないかもしれません。まあそもそも主観的なものの価値を、主観を離れて計測するのは無理でしょうけど。

それが**永遠の愛**？

――あるいはこう言った方がしっくりきますか？　わたしたちは、

この部分を改めて読み返してたらアルチュール・ランボー先輩の「永遠」の一節が浮かんだ。「見つかったぞ　何が？　永遠が　太陽と融合した海が」。あんまし関係ないっす。ごめんチャイルドシート！　（り）

相手を愛するというまさにそのとき、その愛する相手、彼／彼女を愛するということを介して、無時間的な永遠の愛に「触れている」、とか。

あー、うん、うんうん。そっちの方がしっくりきます。そっか。愛しているわたしたちが永遠なんじゃない。そうじゃなくて、いずれ変化して消えていくわたしたちが、相手との交流を介して、普遍的（不変的）な価値に触れている。そんな奇跡みたいなそのことが、わたしを幸せにしたり、人生をよいものにしたりするんですね。

むしろ、愛する技術

——とはいえ、永続とは言わないまでも、持続することを放棄するのはいただけません。

あれれ？　堀内先生前言撤回ですか？

——そんなことはありません。結果論として、短い持続で終わってしまう愛に真実がないわけではありません。さっき言った通り、その愛し愛される関係は時間的なものだとしても、その関係の中で二人が触れた価値の普遍性は本物だということはあり得ます。

あ、なんとなく分かった。結果的に短かった愛が必然的？　に偽物ってことはないけど、最初っから短いことを前提で「愛してる」っていうのは違う、みたいな？

――まさに。さっき触れたナンシーも、「君を三か月愛する」なんてことは言えないはずだと強調しています。愛は結果的に短いかもしれないし、そもそも誰かがプログラムしたみたいにぜったいに永続する愛なんて、それはそれで愛と呼ぶに値しなそうです。しかし、かといって、終わることが前提の「愛してる」は意味がない。やっぱり「愛してる」って言うときは、「いつまでも」ってことを含んでいるべきなんですよ。

…………。

――どうしたんですか？

人がこんなに大まじめに「愛」とか「愛してる」って連呼するのを、はじめて目の当たりにしました。

――…………。

なに赤くなってるんですか？

――……別に赤くなってません。

あはははは。

――ともかくです。永続は儚《はかな》い夢だとしても、**「愛するということ」にとって重要なの**

は、持続しようという意志であり、そのための修練なのです。

修練!?　修行みたいな?

・・・

——まあそうですね。須藤さん、**エーリッヒ・フロム**という人を知っていますか?

あー、なんか聞いたことあるような……。確か、自由から逃げるのがどうとかなんとか。

——『自由からの逃走』ですね。自由から生まれる孤独が、人びとを隷属へ向かわせる、あるいは自由から逃走させる、という話です。これはいわゆるファシズム論なわけですが、彼は愛についての著作も残しています。ずばり『愛するということ』です。

おお!　今回のテーマそのものじゃないですか!

——そうですね。まあこの本全体の評価としては、異性愛を強調し過ぎたりとか、男性性、女性性を称揚したりとか、そういう時代的な限界がないわけではないですけど。し

先輩曰く「愛は、人間の実存という問題への、唯一の健全で満足のいく答えである」とのこと。「1人でいられる能力こそ、愛する能力の前提条件なのだ」ってさ。むー。　（リ）

かし、まあそれとは別に、この本のポイントは、まさにタイトルにあるように、愛において大事なことは、「愛されること」ではなくて「愛するということ」である、という主張にあります。曰く、**人びとは愛の問題を「愛される」という問題として考えているが、重要なのは「愛する」ということ**なのだ、と。

よし、それいい！　もう一声！

――もう一声って……、愛の話のたたき売りですか……。

まあいいです。要するにフロムは、愛を「技術」だと考えているんです。**愛とは、運が良ければ経験することのできる心地よい状態ではなく、知力と努力が必要な技術、あるいはその能力なのだと。**

おお、なんか修行！　って感じですね。

――そうですね。愛とは、あるいは愛するということは、音楽や大工や医者のそれのような、ある種の技術であり、あるいは能力である。そして技術ないし能力であるなら、それを身に付けて適切に行使するためには、修練が必要です。そのことを追究したのがフロムの『愛するということ』です。

ふむふむふむ。そうすると、具体的には何をすればいいんですか？

――いろんなことが書いてあります。愛するためには、客観的でなければならない。理性や自分自身、あるいは他者を信じていなければならない。そしてまた、勇気がなくてはならない、などなど。

ほへー。大変そうですね。でもそれらが重要なのは分かります。他者を信頼して、自分自身の判断を信頼できないと、愛することなんてできないです！ うん。それに、その判断を信頼して、相手に愛を伝える！ それは、とっても勇気が必要ですもんね。

——フロムはもう少し大きなものへの信頼も含めて言っていますが、基本的にはそうですね。あと勇気については、愛のはじまりだけではなくて、つねに必要なものだとは思いますが。

では、客観的でなければいけないというのはどうですか？

んー、それはちょっとピンとこないですね……。なんというか、恋って、もう相手に夢中になってしまうって部分があるじゃないですか？ それがまあ「社会的に受容された狂気」といえばそうなんですけど、でもそれがいいんじゃん！ って感じがします。

——ふむ。まさにいみじくもいま須藤さんが言った通り、ここでの話は「恋」ではなくて、「愛」なんですよ。「恋」のように、いっときの感情の中に落ち込んでしまうということではない。そうではなくて、持続的に、相手を愛おしむ関係であり続けるということです。

あーなるほど。そう言われればそうですね。その違いは大事。

——そう。そしてこの客観性は、フロムに言わせれば、他者を愛するということと、いわゆるナルシシズムとを、区別するものです。

ナルシシズム？　自分大好き、みたいな？

——そう。彼によれば、ナルシシズム傾向の強い人は、自分の内に存在するものだけを現実として経験します。彼らは、現実の世界で起きるいろんなことを、単に自分にとって有益か危険かという観点からのみ経験します。

んー、自分のことを好きになるっていうのは大事だと思うんですけど、それがちょっと極端ってことですか？

——そうですね。すごく病的な感じです。

さっきでた話で言えば、須藤さんが須藤さんらしくあろうとすることを受け止めきれず、「りりぽんはそんなことしない」とかって言ってしまう人は、その傾向があるかもしれません。それはつまり「〈自分にとっての〉りりぽんはそんなことしない」という意味であり、それと食い違う現実を認めないということ。現実を、自分の世界を壊す危険なものとして経験しているということでしょう。

いや、そんな邪険にするつもりは……なんにせよ、フロム先輩的にはそういう分析になるんですね。

——まあでも、アイドルとファンの関係って、そこまでコミコミの、それ自体がネタになっているコミュニケーションだってことはあると思いますけどね。

で、問題は、これは須藤さん自身にも返ってくるということです。

うぬ？　というと？

——要するに、須藤さん、本当に本当のドリアンくんを愛しているの？　ってことです。自分の中でつくり上げたドリアンくんに恋しているってことはありませんか？　もっと言えば、恋している自分に酔っていませんか？

ドリアンくんはまあ架空の人ですから、ちょっとよく分かりませんけど……、うーん、でも、わたし自身が恋に落ちてしまっているってことは、それとして重要なんじゃないんですか？

——そこなんですよ。ちょっとキツイ言い方になりますが、わたしは、**実存主義はときに腐臭を放つことがある**と思っています。

ドリアンだけに？

——別にかけたわけじゃないです。

ほかの人が何と言おうとも、あるいはわたし自身の本質がどのようなものであろうとも、いま現にわたしが経験しているこの事実、それと関わって湧き上がるこの思いに誠実であるべきだ、というのは、確かに一面の真実を備えています。しかし一方で、半端な実存主義者は、そういうわたしにとっての事実性というのを、えらく過大評価して、なんでもありになってしまうことがあります。

わたしがそうしたい、そうありたいと思ってるんだから、何やってもいい！　みたいな？

——そういうことも含むでしょうね。自分の感情への居直りというか。もっと言えば、世間と折り合わない自分の思い、それを抱えていることの悲劇性に浸っちゃう人がいます。人と違っちゃってるわたし、かわいそう、みたいな。

ぐぬぬぬぬ。

——須藤さんは、ドリアンくんが世の中的にはネガティブな属性を持っていること、それを本当の意味で、まったく「息をするように」、自分にとって当然のこととして「好き」なんでしょうか？　意地悪な見方ですが、それって、人に見向きもされないような欠点を抱えている彼を受け止めるわたしってすごい、みたいな、つまり、人と違ってる自分スゴイ！　みたいな、ちょっと拗《こじ》らせた感じの「好き」ではないと、本当に言えますかね？

堀内先生、ほんとに性格悪いですね……。

——わたしじゃありません。哲学が意地悪いだけです。

なんじゃそりゃ、です。むー。

でも、先生が言おうとしてることは分かりました。**実存主義って、変に拗らせると、悲劇に酔うナルシシズムになっちゃうよ**ってことでしょ？

——そう。だからこそ、愛には修練が必要なんですよ。わたしは本当のドリアンくんを知っていて、その本当のドリアンくんをそれとして愛おしく思っているのかどうか、つねに問う必要がある。

自分の中でつくり上げたドリアンくんに恋してるだけじゃ、単なるナルシシズム。恋から愛に進もうと思うなら、相手を知って、それとして愛おしく肯定しましょうね、って感じですかね。

——その通り。

・
・
・

むーん……それにしても。

──ん？　なんですか？

なんか今日は、巨大なブーメランが刺さった気がします。

──……わたしも、そんな気がしなくもないです。

むーん。

さとり×ねっとり
～味付け前のかんぴょうからの脱出～

アイドルは恋愛ができない。

少なくとも、私の所属しているＮＭＢ48というアイドルグループは、恋愛禁止の不文律の下に活動している。そのような立場に置かれている私が、愛について語るのは少々無理があるし、リアリティがない。だから、アイドルになる以前の、須藤凜々花の恋愛経験を基に書こうと思う。

私は恋愛ができない。

アイドルになる前から、私は恋愛ができなかった。当時は、青春真っ只中の学生で、もちろん恋愛禁止のルールなどあるはずもない。なのに、である。ただの一度もだ。恋愛に興味がないわけではなかったし、むしろ興味津々《しんしん》で、人生において大事な経験だと思っていた。それでも、まったく恋愛のできない自分がそこにいた。

なぜ恋愛できないのだろうか。

恋愛に淡白な若者を指した「さとり世代」という言葉がある。『ニーチェ先生』という私の好きな漫画の主題でもあるその言葉を、ウィキペディアで調べてみると、

「欲がない」
「恋愛に淡白」
「旅行に行かない」
「休日は自宅で過ごす」
「無駄遣いをしない」……

私だった。

でも、私だって恋愛を諦めているわけではない。なのに恋愛できないのはなぜなんだろう。

そんなこんなで、愛の探求者であった中学生時代。私は、恋人ではなく、一冊の本と運命的な出会いをした。エーリッヒ・フロム先輩の『愛するということ』という本だ。恋愛how-to本だと思い、何気なく手に取ったこの本に、とてもショックを受けた。特に胸を抉られたのが次の一節だ。

幼稚な愛は「愛されているから愛する」という原則にしたがう。成熟した愛は「愛するから愛される」という原則にしたがう。

当時の好きな異性のタイプは、尊敬できて「可愛い」と言ってくれる人だった。だから目にしみるくらいまつ毛美容液を塗ったり、唇パックをするためにキッチンのサランラップをぐちゃぐちゃにしたり、スカートを八センチも短くしたりした。怒られた。しかし結局のところ、私が探していたのは愛の本質なんかじゃなくて、愛される方法に過ぎなかった。未熟だった。

現代の資本主義社会は、この未熟な愛を助長していると私は思う。というのも、資本主義の等価交換という幻想が、恋愛にも当てはまると勘違いさせるからだ。つまりは、必要だから愛する、という形を取らせてしまう。そうではなくて、フロム先輩が言う通り「愛しているから必要」と言われなくては、本当の愛ではないのである。

カント先輩が言うように、相手を道具としてのみ見てはいけないし、相手に捨てられないように自分を道具化してはいけない（便利な人になってはいけない）。本当の愛は、お互いが目的でなければならない。だから、ありのままでいることが大切なのだ。

堀内先生は「愛はぜったいに失敗するから重要なんだ」と言っていた。私も好きな人ができたら、傷つくことを恐れずに愛そうと思う。

私はありのままでいようと思う。そうしていたら、きっといつか恋に落ちるはずだから。

晴れて恋愛ができた暁には、りりぽん版『愛するということ』をだしてみたい。死ぬまでにだせますように。

第三章
自由になるということ

哲人王(予定)、自由を語る

哲人王に、わたしはなるっっ!!!

——!? なんですか、藪《やぶ》から棒に……。

堀内先生、知らないんですか? 現代の日本社会に燦然《さんぜん》と輝く哲学の結晶、尾田栄一郎さんの『ONE PIECE』、主人公ルフィ先輩の歴史に残る名言ですよ? わたし、いつか、何かの形で演じてみたいんですよね、ルフィ先輩を。さあ、堀内先生も付き合ってください。いっしょに、**背中を向けて、こぶしを突き上げて!**

あ、左腕に×印描きます? わたしペン持ってるんで。

——いやそれは知っています。というか、それ油性ペンです。やめてください。

だいたい、それを言うなら「海賊王に、おれはなる!」でしょ

『ONE PIECE』の名場面。王女ビビに「自分たちは仲間だ」ということを暗に知らせるため、左腕に描いた×印を掲げて見せた。そのため、当時腕に×印を描くことが流行した(わたしの中で)。(リ)

う？　それに、『ONE PIECE』がはじまったのって、わたしが高校生くらいの頃ですし、読者としての年季が違います。その頃須藤さん、漫画なんか読む歳じゃなかったでしょ？

わたし、一九九六年生まれです。わたしはまさにルフィ先輩と同じ年に、この大哲学時代に生まれ落ちたのです！

——ああ、そうですか……。

そんなに羨ましいんですか？

——ええまあそんなところで。でもまあ確かに、哲学者と海賊を重ねるのは、うまい言い方かもしれません。どっちも、平和に暮らしている他人の生活を台無しにしかねない、迷惑千万の危険な人たちです。

というと？

——だって哲学なんて、まず人を幸せにしないどころか、むしろ不幸にします。幸せな家庭に育って、学校行って、それなりに勉強して、それなりに就職して、結婚して、子どもができて、歳をとって、孫なんか生まれて、最期は家族に看取られて幸せに死ぬ。そんな人生に、哲学はなんの役にも立たないし、必要もありません。

そして哲学者というのは、そんな幸せな人生を送る人に、そんな人生の意味って何？

それに価値はあるの？　なんて平気で言い放てる人のことなのです。

なんだか、随分空気読めない人ですね。

——そんな人は嫌いですか？

えーと、実は結構困ったことに、結構好きかもです。

——おっとっと。

え、だって哲学者さんたちは、幸せな人生を憎んで否定しているわけではないんでしょ？　人生の意味ってなんだろう？　人生の価値ってなんだろうって、誠実に問うているだけ。分からないから、人生の意味を知っていそうな人に、それを教えてほしいだけ。受け取る方が、その質問を勝手に、自分への攻撃だと思ってるってこと、あるんじゃないですか？

——うーむ。

・
・
・

——ところで、須藤さんは『ＯＮＥ ＰＩＥＣＥ』のどんなところが好きなんですか？

そこ訊いちゃいますか!?　ずばり、『ＯＮＥ ＰＩＥＣＥ』には、「正義とは」「人間の尊厳とは」「愛とは」っていう、哲学の永遠のテーマが詰まっているんです！

――へえ、そうですね、確かにそう言われればそうかもしれません。

あとは、やっぱりキャラクターが魅力的です。ルフィ先輩ってすごくストレートに生きてて、自由だなって。

――確かに。わたしもあのキャラは好きですね。うん、自由な感じが。

そうそう、基本子どもっぽくて、でもそれがなんか、すっごくポジティブなイメージ。なんというか、縛られてない感じ、うん、「自由」なんだと思う。子どもみたいなあの自由さ、それをずっと持ってられるって、とっても憧れます。

――…………。

どうしたんですか？　堀内先生？　黙り込んじゃって。いまやアニメは日本の文化ですよ！　そんなドン引きしちゃダメです。

――いやいや、そういうことじゃなくて。わたしも漫画やアニメは好きですし。なんというか、前から思ってはいたんですけど、さっきから話を聞いていると、須藤さんって、天才なのか天然なのかどっちなんだろうって、ちょっと分かんなくなってきて。

えーっと、その心は？

——うーん、じゃあ、さっき須藤さんが口にしたキーワード、「自由」について考えてみましょう。

ぜひ！　哲学の大テーマ！　「自由」！

子どものことども、あるいはリヴァイアサン！

——じゃあまず、さっきの続き。須藤さんは、ルフィを子どもっぽい、そしてそのことと自由であることを重ねて語っていました。

はい。

——ということは、子どもは自由ですか？

そうですね……うん、そうだと思います。子どもってなんていうか、存在自体がもう自由っていうか、逆に大人ってなんだかんだ縛られて、不自由ですよね。そんな感じがします。

──なるほど。じゃあ……、お、ちょうどいい。窓の外、道を歩いてる親子連れ、見えます？

可愛い！　三歳くらいですかね？　男の子かな。ショーウィンドウにかぶりつき（笑）。もうちょっと大きくなったら、わたしのステージもあんな風に見てくれないかなー。あー、おもちゃ屋さんか。お母さん困ってますね。先を急いでるのかな？……あー、泣きだしちゃった（苦笑）。

──ですね（苦笑）。

さて、では、あの三歳くらいの男の子って、自由ですか？

うーん、まあそう言われるとどうなんだろ？　でもどっちかっていうと不自由なんじゃないですか？　自分の欲しいおもちゃが目の前にあるのに、自分のものにできない。うん、彼は不自由です。

──なるほど。彼は、おもちゃが欲しい。しかし彼は、その自分の欲望を満たすことができない。それは不自由。

そこ、もう少し言うと、その不自由って何に由来しているんですかね？

一つには、まだ子どもだってことじゃないですか？　つまり、大人だったら、仕事をして、自分でお金を稼いで、それを買うことだってできるし。

——なるほど、彼には自分の欲望を満足させるだけの能力が足りない、ということですね。じゃあ、能力があれば、彼は自由になれる？

あ、でも、たとえ彼が高校生くらいになって、ちょっと頑張ってバイトなんかして、お給料をもらえたとしても、買うものによってはやっぱりお母さんが許してくれないってことはあり得る。能力があっても、誰かに禁止されてできないって場合も、考えられるなぁ。

——お、イイ線いってますね。そうするとじゃあ、欲望を満たすだけの能力があって、かつその能力を発揮することを、誰かや何かに妨げられていないという状態が、自由。そんな感じですかね？

なんか違う気もするけど、そうですね。縛られていないっていうのは、自由だと思います。

——うん。その違和感は大事にしてほしいんですけど、とりあえず、この考え方は、「自由とは何か」という哲学的問いに対する、有力な答えの一つです。つまり自由とは、欲望を満たす能力があるにもかかわらず、その人の外側にその人の行為を拘束・制限するような抵抗物・障害物がないこと、という考え方ですね。

すごくシンプルですね！　うんうん、なるほど、自由とは、縛られていないこと。何ものも、わたしを縛ることはできないのだ！　哲人王に、わたしは……。

――いやいや、ちょっと待って。ここからがむしろ重要。

ちなみに、そのように自由を定義した有名な哲学者には、**トマス・ホッブズ**がいます。

あ、それ知ってます。『**リヴァイアサン**』！　「万人の万人に対する闘争」！　わたしたちは、自由を求めて闘争すべきなんです！

――うーん、まあ個人的にはその考え方は嫌いではないですが、ホッブズの議論はむしろ逆です。順に行きましょう。

ホッブズは、人間存在の基礎を、**自己保存の欲求**に置きます。自然状態において人間は、自分の欲求を満たすために、果てしなく動き回ります。そしてそこは自然状態ですから、彼を縛るものは何もありません。むしろ、自

自分の命を守ろうとする欲求のこと。ホッブズ先輩は、人間には生まれつき、この欲求とともに他人よりもすぐれた存在でありたいという「虚栄心」が存在していると言っていた。　（リ）

この本の口絵に描かれている巨人リヴァイアサンの体は、よく見るとたくさんの人間が集まってつくられている。ちょっと不気味である。頭は「主権者」、体は「人民」、つまり政体を表すそう。　（リ）

17世紀のイギリスの哲学者。わたしが好きな名言は「他人の欠点を笑ってばかりいるのは、臆病の証拠である」。この時代に91歳まで生きたらしいっす。すぎょい。　（リ）

分の生命を維持するために、自分の力を自由に使って、場合によっては他者を攻撃し、何かを奪い取ることも、自然が彼に与えた権利なのです。皆が皆、自分の欲求を満たそうと争う、これがホッブズのいう、自然状態における人間です。

そうか、じゃあ、自由といえば自由ですけど、どっちかっていうと無秩序って感じですね。

――そう言っていいと思います。「人間は人間に対してオオカミ」なのです。

わおーん。

――絶妙な合いの手ありがとう。しかし須藤さん、実際にそんなところで自分が生活すると考えるとどうですか?

んー、やっぱり嫌ですね。怖いじゃないですか。あ、でも自分がすっごくケンカが強いんだったらいいかもです。自分を縛るルールもないなら、自由ですね。

――須藤さん、それがあなたのいいところですね。わたしは自然状態の話をしてるのに、普通の人は、道徳的なブレーキを利かせて、腕力にものを言わせた自由は不道徳だ、という我々の社会の道徳的なルールを持ち込みます。そして、勝手に選択肢から排除してしまうんです。そのブレーキは、哲学をするときには邪魔です。そのブレーキが壊れているのが、とてもいい。

壊れてるって……、それって褒めてます？

――もちろんです。ところで、さっきの話、少しくらい腕力が強くても、弱者が寄り集まって徒党を組んできたらどうでしょう？ 同じ人間なんですから、強いといっても、数をものともしないほど腕力が強いというのは、考えにくいですよね。

ルフィ先輩なら……。

――それは置いといて。

ここでホッブズは、おもしろいことを考えます。人間は、自然のままの万人の闘争状態においては、安心して生きていくことはできない。つねに襲われる危険があるからです。だから彼らはあるとき、自分自身の自由の一部を、自らの意志で、個人を超えたものへと委譲することになるというのです。その個人を超えたものこそが、国家。彼の言い方で言えば「コモンウェルス」であり、あるいは「リヴァイアサン」です。個々人を超えて存在し、個々人から自由を奪うと同時に、そのことによって個々人に平和をもたらす怪物。

なるほど。そうすると人間は、自分の自由を放棄することによって、逆に自分自身の生命の危機や不安から自由になるんですね！

――んー、そうきますか。教科書的に言うと、ホッブズは自由よりも秩序を優先した哲学者だということになっていますので、ちょっとユニークな言い方かもしれないですけどね。

プリンからの自由、そして道徳へ

でも先生、さっきのホッブズの自然状態における自由って、心が子どものまま、腕力だけ大人になった、って感じですね？　そして、みんながみんなそんなんじゃ、いつまで経《た》っても争いが絶えなくて、不安で仕方がないから、だから、自分も含めてみんなでせーの！　って、自由を諦めるってこと、王様に自分を縛ってもらうってことですよね？

——そうですね。

それって、ある意味すごくリアルではあると思うんです。人間観っていうのかな。やっぱりわたしたちは、欲望を抱えた存在だと思うし、何かを他者と奪い合うこともある。だからそんなわたしたちには、わたしたちをうまくコントロールしてくれる強い何かが必要だって、そう言われれば、ちょっと反論しにくい。だってわたし自身、やっぱりいろんな欲望を抱えているから。

　でもわたし、もしできるんなら、ほかの誰かに縛られるんじゃなくて、自分の意志で自分の生き方を決めたいです。だって自由って、自分で自分のことを決められるってことじゃないんですか？　それができないんだったら、動物と変わんないじゃないですか。

　ホッブズ先輩は、そんなの無理だって言いそうですけど。

——うーん、ホッブズの肩を持つなら、それでも、自分で自分の自由を自由に制限したという自由が、そこにはあると言えばあるわけですが。

　？？？？？

——いや、すいません、いいです。屁《へ》理《り》屈《くつ》みたいなもんですから。社会契約論というんですけど、わたしはこのロジックは破綻していると思います。

　それよりも、自分で自分のことを決められるのが自由というのは、それはそれで大事な考え方ですね。要は、**自由というのを、自律という概念に近づけて捉える**ということですね。

　自立？

——いえ、自律です。自立は他者の助けを借りずに、自分の力で何かを為すこと。他方で自律は、自分自身の立てたルールに則《のっと》って自分自身をコントロールすること。両者は似ていますし、重なっていないわけではないですが、後者は自分で自分をコントロールすること、という意味合いが強いですね。

なるほど。

——そうすると、さっきの子どもの例に関わって、おもしろい事実が浮かび上がります。先ほど須藤さんは、もしあの男の子に能力があって、かつその子が自分の欲求を満たそうとする際に、それを邪魔するものがなければ、彼は自由だと言いました。

んー、そう言われると違和感があるんですが、でもそれがなんなのか分かんないです。

——そう、そこ！　もしかすると、その違和感はこう表現できませんか。つまり、あの子は、外的な障害がないという意味では自由になり得る。だけど他方で、彼自身の内側にある欲望に従属している。

あー、そうかも。うん、そうです、そうです！

なんか、自由だけど不自由な感じなんです。わたしも、お仕事するようになって、自分のお金で好きなもの食べたりできるようにはなったんです。んで、わたしプリン大好きなんで、東京中の美味しいお店の、いろんなプリンを食べ比べとかしてたんですよ。

——ほうほう、それで？

で、最初の頃にはほんともう幸せ！　って感じだったんです。欲求満足してるぞーっ！　って。でもだんだん、わたしがプリンを食べてるのか、プリンがわたしに食べさせてるのか、よく分かんなくなりました。

――最後の方はよく分かりませんが、言わんとすることは分かります。わたしもワイン大好きなんですが、そんな感じになるときがあります。アル中っていうほど病的ではないんですが、自分が主体的にワインを飲んでいるつもりが、逆にワインの誘惑に自分が振り回されてるだけのように思えてくる。あー、また飲んじゃった……罪悪感、みたいな。

そうそう、それです。

――そこになんとなくでも不自由さというのを感じたんなら、須藤さんって結構哲学的センスあるかもしれませんね。

ニンマリ。

――はいはい。センスはあっても磨かなければ意味ないですよ。

もちろんです！　で？　つまりどういうことですか？

――（やはり天然なだけでしょうか……）

要するに、自由というのは、自分と自分の外側の抵抗物との問題だけではなくて、自分の外側にあるものが自分自身に生じさせる自分自身の欲望との関係、という側面があるということです。

そうか。自由は、目の前にプリンがあって、それがわたしをすっごく誘惑してきて、食べたい！ って欲望を感じさせたとき、その欲望に打ち勝つことを含むんですね。つまり、自分自身の欲望からの自由。

――その通り！ そしてそのことは、人間が人間であるということ、また、道徳的であり得るってことと関わってるんです。

道徳的!? うう、なんか嫌な感じが……。

・・・

――ドイツの偉大な哲学者に、**イマニュエル・カント**という人がいます。どういう人か知っていますか？

もちろんです！ カント先輩はとっても規則正しい人なんです。朝は必ず五時に起きて、お茶を飲むのも、ごはんを食べるのも、散歩に行くのも、夜寝るのも、ぜーんぶ時間が決まってたんです。あ

カント先輩は１日に１度しか食事をしなかったそう。「１人で食事をすることは、哲学する学者にとっては不健康である」と、毎回人を集めたらしい。食事中は哲学の話は厳禁、というルールだった。 （リ）

んまりにも規則正しいので、村の人たちはみーんな、カント先輩のお散歩姿を見て、あー、もうこんな時間か、って時間を知ったんです。

——そうですね。ちなみに、そんなカントがあるとき散歩に行くのを忘れてしまった原因が、**ルソー**です。ルソーの『**エミール**』をついつい読みふけってしまい、あれほど厳格に守っていた日課の散歩を忘れてしまったんですね。

お散歩は、思いついたときにふらりとする方が気持ちよさそうですけど。

——まあそうかもしれませんね。

先生、わたし、道徳ってあんまり好きじゃないんです。なんか道徳的な人って、先生とか目上の人に言われたことを杓子《しゃくし》定規に守る人な感じがします。しかも、学校の先生とかから言われることって、結構「なんでそんなことしなくちゃいけないの？」ってことがたくさんあって、でもそれを問い返しちゃいけないみたいな感じがすごく強いです。道徳について言い返すこと自体がもう

フランスの思想家。下宿の女中、テレーズ・ルヴァスールを愛人とし、10年間で5人の子どもをつくり、全員養育院に入れてしまうというロックな人生を送る。（リ）

ルソー先輩が著した教養小説風の私教育論。一部の内容がパリ大学神学部から断罪され、禁書に指定された。先輩自身にも逮捕状がでたため、スイスに亡命する羽目になった。（リ）

不道徳？　で、ダメな人みたいな。

——なるほど。

だから、その道徳と、自由ってことが結びつくとかって、いまいち想像つかないです。

——ふーむ、ところで須藤さんは、従順であることと道徳的であることの違いは分かりますか？

そう！　それです！　道徳的であれって、結局、従順になれ！　考えるな！　ってことだと思います。そんなの嫌です。

——その気持ちはよく分かります。それはともかく、わたしの質問に対してどうですか？　道徳的であることと従順であることは同じ？

同じ、じゃないんですよね？

——違います。

知りたいです。詳しくお願いします。

須藤先生のミニ講義

――では、ちょっと遠回りになりますが、まず、人間と動物の違い、というところからいきましょうか。

人間と動物の違いですか？ 人間も動物だと思いますけど。

――もちろんそうです。じゃあ、人間と動物は同じですか？

えっと、動物の一種であることは確かだと思います。だけど、ほかの動物にないものも持っているんじゃないでしょうか。

――うん、慎重ですね。いいと思います。ところで、ほかの動物になくて、人間だけが持っているものとは、例えば？

あ、なんか前に聞いたことがあります。文化です。人間は、ほかの動物と違って、文化を介して自然環境に適応しているんです。

――ほほう、興味深いですね。では須藤先生、少しご講義をお願いします。

オホン！ あー、えーとですね。まず地球には、自然環境というのがあるんですね。それは太古の昔から延々と続いてきた。そしてそれはとっても多様なんです。暑いところ、寒いところ。暑いのは同じでも、砂漠のようにカラカラのところと、ジャングルみたいにすごく湿気の多いところ。温暖で穏やかなところ。あと、空や海、それも深海の奥深ーくは、地上とはぜんぜん違いますよね。

――おっしゃる通りですね。

そしてそこには数多くの動物たちがいます。彼らは、自然環境に「適応」して生きています。空を飛ぶための翼、水の中で生きるためのエラ、寒さから身を守るあったかい毛、速く走れる足、高いところの葉っぱを食べるための長い首、獲物を捕まえるツメやキバ。長い進化の歴史で、動物たちは、自分が住む自然環境に適応するための体を手に入れたのです。それによって、彼らは自然の中で生きている。

――ふむふむ。

ところが、「適応」って話で言えば、人間は違う。人間は長い進化の歴史で自らの体をつくり変えるのではなくて、いろんな便利なものをつくりだすことで適応してきたんです。例えば、寒さから身を守るために毛皮を身にまとい、獲物を狩るための武器をつくりだした。家を建て、火を使って調理し、布団で寝るようになった。速く走るために、最初は動物を手なずけて使い、のちには車や船、飛行機なんかもつくった。

これはみんな、広い意味での文化なんです。つまり人間は、自然環境に適応するとき、動物みたいに自分の体をつくり変えるのではなく、文化を介して適応したのです。そしてこの文化は、人間にしかないものです。

――パチパチパチパチ。

えへへへへ。

――そうですね。では、文化をつくりだしたものはなんでしょう？

え？　だから人間が。

――もう一声。

えーと、人間、人間の持っている、考える力、想像力、知性！

――そうですね。哲学の中では、そのような、動物と人間を分ける、人間のみが保有する能力をひっくるめて、理性といいます。

理性！　カッコいいです！

――そう、理性。それともう一つ重要なものがあるんですが……。そういえばさっき須藤さんは、動物の自然環境への適応に関して、「動物は自分の体をつくり変えて環境に適応する」という趣旨のことをおっしゃっていましたね？

はい。

――わたしの考えでは、それは正確な言い方ではありません。だって「動物が自分の体をつくり変える」と言ったら、動物が、個体として、自分で自分の体を改造するみたいな感じがするじゃないですか？

うー、それはそうかも。

——明らかに違いますよね。動物は、個体としてはただ与えられた体で一生懸命生きているだけ。ところが、その中で、たまたまその環境で生きていくのに有利な特徴を持った変な奴がでてくる。長い時間の中で、その新奇な個体は、相対的に高い蓋然《がいぜん》性を持って生き残っていく。そうですね？

はい。

——それに対して、人間は違います。人間は、個体として、自分の意志で理性を用います。そう、理性に加えて、それを使用する意志、つまり自由意思。これらが、人間と動物を分けるものといっていいでしょう。

なるほど！

自然的因果をぶった切る！

——そして、この自由意思というのが、深く考えるととんでもないものなんです。

須藤さん、「物事にはすべて原因がある」。これは正しいですか？

正しいと思います。原因がなくて、結果だけが起こるなんて変です。

――そうですね。そして、ある原因と結果があるとき、その原因は、それに先行する何かの結果ですよね？

そうですね。あ、だから物事は、原因の原因の原因の原因の……って、ずーっと続いていくことになりますね。ところでその最初はどうなるんだろう？

――いいですね。その究極の原因のことを、キリスト教徒は神と呼んだりしますが、まあそういわずとも、ビッグバンとかでもいいです。とにかく、この宇宙は、究極の原因からいろんな事柄が系列的に派生していっている。それは全部繋《つな》がっている。

そうすると、もうなんていうか、この世界の出来事って、過去から未来まで全部ずーっと決まってるってことですか？

――この考え方の中ではそうなりますね。そしてそのずーっと決まってるっていうのは、天体の動きや気象条件などはもちろん、その中で生きる動物たちの行動にまですべて貫かれていることになります。

え？　動物もですか？

――はい。この考え方の中では、動物の行動は、ものすごく大ざっぱに言えば、ある刺激を受けたとき、それぞれの本能にしたがって、ある行為が生じる、ということで説明できるからです。目の前にエサがある↓それを見た犬は食欲を刺激される↓食べる、というように。実際にはもっと複雑でしょうが、基本構造は変わりません。

えー、それじゃまるで世界全部が歯車のがっちりかみ合った一つの機械みたいになっちゃいますね。

——そう、まさに。うまいこと言いますね。このような考え方を機械論的ないし決定論的自然観と呼び、またここでの原因と結果の系列は自然因果性と呼ばれます。

え？　じゃあちょっと待ってください。さっきのプリンの話、まったくこれといっしょじゃないですか。わたしの前にプリンがあって、それがわたしの食欲を刺激して、わたしはそれを食べる。

え？　じゃあわたしは、神様かビッグバンか知らないけど、そんな最初の原因から繋がってる系列の中で、単なる歯車の一つだってこと？

——どうしました？　何をそんなに慌てているんですか？

だって、もしわたしがそんな歯車の一つなんだとしたら、わたしに自由なんてないじゃないですか。

——そうかもしれないし、そうじゃないかもしれません。そして、そうじゃない場合というのは、要するに自由意思、あるいは自由による因果性とカントが呼ぶものが本当に存在するかどうかにかかっています。

　つまりこういうことです。人間は、自然因果性に支配されているという意味では、動物を含めた、この宇宙に存在するほかのものとまったく同じということです。しかし同時に、カントに言わせれば、人間だけは、意志の力によって、その無限の系列からズレることができます。

　そうか。わたしは確かに、プリンを見て食欲を刺激されて、食べたいって思うけど、でもそれを我慢することができる。そうですよね？

——その通り。理由はいろいろだと思います。これ以上食べると太ってしまうから。お金を節約しなきゃいけないから。これは須藤さんが後で食べようと思って大切にとってあるものだから。

　ダメです！　ぜったいダメ！

——はいはい。それは置いといて。

　えーと、そうそう、そしてここに、理性が介在します。動物としての必然性、つまり決定論的な因果性から離れて、自らに備わった理性にのみ、自由意思によってしたがうこと。これがカント的な自由ということになりますね。

すごい！　すご過ぎます、それ！　だって、もしそんなことができるんであれば、人間は神様と同等ってことじゃないですか？　神様が「光あれ」とか言ってはじめたこの世界のずーっと続く原因と結果。人間が自分の意志で何かをするってことは、つまり、神様から続くこの流れを、いきなりぶった切って、原因のないところから、いきなり結果だけをつくりだすってことでしょ？

——随分スケールの大きい話ですが、ま、そういうことです。厳密に言うと、決定論的な因果性を離れるだけではなく、かつ、自由による因果性という別の軸にしたがうということですが。

ただし、そんな簡単なことではないですよ？　だって、その無限の系列から抜けでるためには、自分の中に生じる欲望に、すべてノーって言わないといけない。

そうか。欲望にしたがうってことは、自分の外部にあるものが自分を刺激して、これにしたがって動くってことだから、機械に巻き込まれるってことですもんね。

——そう。その通り。そのようにして、自分の中に生じる欲望をすべて自分自身の意志の力で制して、ただ理性のみによって導かれる、「こうすべし」という理性の命令にのみしたがうこと、これが自由であり、また必然的にそれは、道徳的でもあるということになります。

じゃあ学校の先生に言われたことにしたがうっていうのは？　わたしは別に先生にしたがいたいって欲望はないですよ？　だって嫌なものは嫌なんだもん。いつもしぶしぶだし。

——でも、しぶしぶでもしたがっているのでしょう？　それはやっぱり欲望に屈しているのでは？　先生に怒られるのが嫌だから。それか、嫌われるのが嫌だから。服従というのはしばしば、自分自身を守りたいという欲望に根ざしています。そしてそこが、不自由の出発点。少なくともカントのいう道徳的というのはそれとは逆で、自分の欲望、もっといえば幸福を求める心のあり方からも距離を置いて、ただ「そうすべし」という理性の命令にしたがうことをいうのです。

ぐぬぬぬぬぬぬ。

ラクダ、ライオン、子ども、りりぽん

えー、んー、あー、んー。

――どうしました？

うーん、なんかモヤモヤします。

――おや。どのあたりでしょう？

いや、確かに堀内先生の言う通り、欲望にノーっていう部分は、道徳的な感じもします。けど、自由であることと道徳的であることが必然的？　に重なるっていうのは、イマイチよく分かりません。

――むむむむ。

だってわたしたちが生きる系列って、先生が話してた決定論的因果性と自由による因果性？　でしたっけ？　の二つだけとは限らないじゃないですか。ほかにもあるかもしれないし。

――例えばどんなものでしょう？

それは、その、いまぱっとは思いつきませんけど。

あ、でもこういうのはどうですか？　自分の中から湧きでてくる欲望には、すべてノーって言うんです。すると、理性の命令が聞こえてくるでしょ？　そこで敢えて、その反対のことばっかりするんです。何が反対かはよく分かりませんけど、とにかくその声の言う通りにはしない。

だってそうしないと、せっかく機械の歯車じゃなくなったとしても、よく分かんない理性の声？　の奴隷みたいになっちゃうだけじゃないですか？　それって自由なんですか？　ううん、やっぱり違うと思う。

——なんだか、とんでもなくひねくれた極悪人が誕生しそうな感じですが。

ダメですか？

——ダメってことはありません。

むしろそこに思い至ったことを尊敬します。ただ、発狂して死んでしまわないか心配ですが……。

げげ、発狂して死ぬ？

——いや、まあ、忘れてください。

分かりました。

須藤さんが求める自由がどんなものなのか、わたしもはっきりとは分かりませんが、いっしょに考えてほしい哲学の言葉があります。

須藤さんは**ニーチェ**という哲学者を知っていますか？

ニ、ニーチェ先輩ですか⁉

超まじめな性格で「走らずに下校せよ」という校則を守り、傘がない雨の日でも濡れながら歩いて帰った。友達が少な過ぎて、仲良くなるためにすぐにお金を貸していた。良い人過ぎる。　（リ）

——どうしました？

ニーチェ先輩、好き過ぎて震える……。

——……これ、読んでみてください。

えーと、「わたしはあなたがたに、精神の三段の変化について語ろう。どのようにして精神が駱駝《らくだ》となるのか、駱駝が獅子《しし》となるのか、そして最後に獅子が幼な子になるのか」。ふーん、ラクダ、ライオン、子ども？

——そう。これは、ニーチェの代表作『ツァラトゥストラはこう言った』からの引用です。いわゆる「精神の三段の変化」の話ですね。

さあでは須藤さん、いまあなたは、この中でいうとどれに近いと思いますか？

うーん、目はパッチリしてる方だと思うけど、暑いのは苦手だからなぁ。

——…………。

肉食女子？　うーん。

——…………。

子どもっぽいってよく言われるけど、自分的には不満です。

——はい、その辺で。まじめに。

分かってますよ、堀内先生。

えーと、ラクダっていうのは、とっても勤勉で、自分に厳しい人のことですよね。自分を高めるために、敢えて苦労を背負い込もうとする感じ。断食とか、瞑想《めいそう》とかしてそう。それに耐えられるのはすごいと思うけど、なんか、重い荷物をいくらでも背負える俺すごい！　みたいな感じがちょっとアレですね。

――ラクダくんは立つ瀬がない感じですね。

いまの気分でいうと、獅子、うん、ライオンな感じです。ライオンは、竜と戦うんですよね？　その竜の名が「汝なすべし」。変な名前ってことは置くとして、この戦いの構図ってさっきわたしが思ったこととぴったり重なる気がします。「自由を手に入れ、なすべしという義務にさえ、神聖な否定を敢えてすること」、うん、それだ。わたし、叫びたいです。「われは欲す」！

――そうですか。うん。そうですね。須藤さんらしいと思います。ただ同時に、もしかしたら、自由にはその先があるのかもしれませんね？

はい、そうですね。子ども。

――そう。

わたしは多分、自分の欲望から自由になること、そして道徳的であるってことの価値に触れたんだと思います。でも、そのことの重みを認識しつつも、もっと別の生き方もあるかもしれないと思った。「汝なすべし」にしたがうのとは別の。その別の生き方を見つけるためには、ライオンみたいに戦わなくちゃいけないんです。

でもそれもまた、別のところから見ると、敵と戦うことにとらわれているってことかもしれない。もしそうだとしたら、わたしは、否定だけじゃなくて、本当の自由として、世界を全部ひっくるめた自分を、もう一度肯定しなくちゃいけないかもしれない。子どものように。

――まあ別に、ニーチェがそう言うからって、そうすべきってわけでもありません。ニーチェに言われたから、子どもになるってのも、なんか不自由ですしね。

そうですね（笑）。

凜×千
～お昼ごはん何にしよう～

自由!?
私が大大大好きな自由!!　自由への愛を好きなだけ好きなように書いていいんですか!?　それは最っっ高に、

困った。

好きなもの：自由、苦手なもの：自由、りりぽんこと、須藤凜々花。ちなみに、芸名ではなく本名である。「凜々花」というこの名前、とってもお気に入り。「凜」という漢字を漢和辞典で引くと、ゾッとするほど冷たい・男前、とでてきた。ますます気に入った。
名前は一番に手に入れる属性、といっても過言ではない。だから実名での活動は、私が私として頑張っている感じがしてとても嬉しい。アイドルと個人との切り替えが曖昧になる部分はあるかもしれないけれど、プライベートを切り売りする気はないし、そこはプロのアイドルとして頑張るところ。芸名を決めて活動するのは(それがやりやすいという人もいるとは思うが)、完全に自分ではなくなる事態に陥る瞬間がどんなに少なくとも、ある。嫌。

名前、と聞いて私が真っ先に思いだすのは、『千と千尋の神隠し』というアニメ映画。主人公の女の子、千尋は、魔女によって両親を豚にされてしまった上、名前まで奪われてしまう。両親と、そして自分の名を取り戻すために、千尋の闘いがはじまる。

『千と千尋の神隠し』には、鮮烈な印象がある。なんてったって、はじめて映画館で見た作品で、はじめて映画館で泣いた作品だから。昔、千葉のガラガラの映画館で、祖母と席の真ん中を陣取って見た。そして、人様に迷惑をかけるほどに号泣、いや、ガン泣きした。

恐怖で。

ハクが血塗れになるシーンでも、カオナシが従業員を三人食べたシーンでもない。千尋の両親が豚になる場面で、ガン泣きした。

いま見ても、気味の悪いシーンだとは思うが泣くほどではない。しかし当時は切実に、自分の両親も豚になってしまうのではないか、と恐れ慄《おのの》き、ガン泣きした。

このトラウマシーンを見る度に、J・S・ミル先輩の次の言葉を思いだす。

「満足な豚であるよりも……不満足なソクラテスでありたい」。

恍惚の表情を浮かべながら、眼前に置かれた料理を貪《むさぼ》り食い、文字通り豚と化してしまう両親。そして千尋は、ハクがくれたおにぎりを泣きながら食べ、両親を助けるために闘いに向かう、という構図。不満足なソクラテスとしての千尋は、ただの対比としての存在ではなくて、豚のために豚と闘わなければならないのだ。

つまり、

ここで涙を流せる五歳の私、グッジョブ！

（自画自賛はこの辺にして）そんな私は常々千尋のようにありたいと思っている。目の前の幸福にばかりとらわれず、自らの自由を放棄することなく面倒に首を突っ込んででも、自由を主体的に勝ち取りにいきたい、そう思っている。そう、主体的に！　アドルノ先輩の言葉を借りれば、「自由であるのではなく自由になる」というやつだ。とはいえ先ほどから、自由が果たして良いものであるのか疑問に思えてきたのも事実。幸福から遠ざかってでも自由を掴み取るべきとは？　自由になるのは幸福ではないのだろうか。

フロム先輩は『自由からの逃走』という本を著した。サルトル先輩は、「我々は自由の刑に処されている」とまで言った。

はっきり言って自由は超絶面倒臭い。

満足な豚というのは、自由を放棄し選択を他人に委ねることだから、ある意味ものすごく楽。たとえて言うならば、シェフの気まぐれパスタ、日替わりランチA、本日のシャーベット……食べ物ばかりになってしまったけれど、私が自由を苦手とする所以《ゆえん》はここにある。手放しの自由には本当に参ってしまう。

しかしそれでも私は自由を求めていたい。

そりゃあ自由は面倒臭いけれど、大抵のことは面倒臭い。「人生面倒臭いなー」と最近何度口にしたことか。でも、ほら、手のかかる恋人ほど愛くるしいというのと同じで、そんな自由が愛くるしいのだ（恋人できたことないけれど）。

自由にはそれ自体に価値がある。条件付きの自由などあり得ない。ガンジー先輩の言うように、「間違いを犯す自由が含まれていないなら、自由は持つに値しない」のだから。

私は自由になる。私自身からでさえ。そして、キレイにオチをつけてまとめなければいけないこのコラムからでさえも！

では読者の皆さん、自由のコラムはこれで終わりにします。

ばいばーい！


（自由か）

第四章

正義《ただ》しいということ

もう正義なんてないなんて言わないでぜったい

――もー、まったく……。
スラマッパギー！　堀内先生!!
――これもだ、ほんとにもう……。あんなに時間使って丁寧にやったのに……。
ほ・り・う・ち先生っ!!
――あー、もう。これもだ。ちょっとイライラしますね……。ふー。
エンジェルアイドルりりかが！　あなたの心をお手当てするわ！
――あ、またこれ！　もう！
エンジェルエイドボムビーーーーーーーーーーム!!
――はー。溜息《ためいき》しかでません。
うわぁあぁぁあああ。

――はいはい、つぎ。

………。

――はいはいはい。つぎ。

オイ。そこのおっぱい星人。

――はぅあ!?

あ、返事した。

――あ、いや。

やっぱり自覚はあるんですね。

――いや、自覚とかそういう話ではなくてですね……。

というか、そのネタ引っ張るのやめましょうよ……。

えー、だって、一応アイドルが訪ねてきてるんですよ？　ワクワクしながら待ってるのが礼儀ってもんじゃないですか！

――かー！　そこまで言いますか。

えへへ。カワイイは正義ですから！

――むふー！

なんかいつも以上に鼻息が荒い、ご機嫌が悪いですね？　どうしたんですか？

――どうもこうもありませんよ。見てください。

なんですか？　これ。

――講義の感想です。わたしが大学とかいろんな教育機関で授業を持っているのは知ってるでしょう？

あ、そうでした。堀内先生は大学の先生なのでした。

――この前の講義は「正義」についてだったのですが、見てください！　判で押したようにみーんな同じような感想！

えーとなになに？

「正義なんて人によって違うんじゃないですか？」

「今日の授業は、役に立たない空理空論だと思います。こんなの勉強して何になるんですか？」

――…………。

「正義とか連呼しちゃってw、先生、純粋で可愛い！」

「まだまだ青いっすね。センセw」

――…………。

「カワイイは正義、だからりりぽんは正義ですね！」

――そんな感想ありません。

……くっ、バレたか。

――バレバレです。

それにしてもひどいでしょう？　すべてこんな感じです。訳知り顔で、「正義なんて存在しない」とか「正義は人によって違う」とか。結局、彼らは頭を使うのが面倒なだけなのです。面倒臭がりばっかり。

うーん。

――まさか、須藤さんまで同じようなこと言うんじゃないでしょうね？（怒）

ほ、堀内先生、怖いです。あと、近い……。

――あ、失礼しました。

まあともかく、授業を受けた皆さんが、みんな「正義は人によって違う」というところばかりを強調しているということは分かりました。ただ、それって仕方ないというか、実際、そうなんじゃ……。

――!?　須藤さんまでっ！

いや、だって「正義」ですよ？　そもそもわたしたちって、日常的に「正義」なんて言葉使わないです。せいぜいアニメとか特撮ヒーロー物とかくらい。「正義のヒーロー」

とか。それって結局、「正義」って、つくり話の中でしか通用しない言葉ってことなんじゃないですか？　現実はそんなに甘くないですよ。

――正義を考えることが？　甘い？　なんてこと！　くー!!　よし!!　分かりました。そんなに言うなら仕方ありません。今日のテーマは「正義《ただ》しいということ」でいきます。「正義」ということがいかに大事か。手放してはならないものか。じっくり哲学しますよ！

え、あ、そうなんですか？　はい……じゃあそれで……。

――フンフン!!（鼻息）

・

・

・

ところで先生、なんで「正しい」じゃなくて「正義《ただ》しい」なんですか？　そんな慣用表現ないでしょう？

――はい。ありません。ある種の造語です。真偽の意味での「正しい」と、道徳的・法的な意味での「正しい」を区別したいんですよ。

あ、確かに。テストの正解／不正解の意味での「正しい」と、「正しい行い」とかの

「正しい」は違いますもんね。今日のお話は、後者だと。

――そうその通り。もっとも、話の仕方によっては、両者は関係していないわけではないですが、一応ここでは分けます。

んー、それにしても難しそう……。あることが嘘か本当かなら、なんとか頑張って調べれば、どっちかに答えは決まりそうですし、みんなの意見も一致すると思いますけど、何かが正義であるかどうかって、ぜったい一致しなそうな気がします。

――須藤さんらしくありませんねぇ。そもそもわたしたちがこれまで論じてきた事柄だって、「生きるということ」「愛するということ」「自由になるということ」ですよ？　それらがどんなことか、みんなの答えが一致するなんてこと、正義の場合と同じくらいなさそうなことじゃないですか。それでも考えるから哲学でしょ？

そ、そう言われると。うーん。

――ふー。まあ、なんとなく言いたいことは分かります。わたしが教えている学生もそうなんですが、要するにみんな、生まれたときからポストモダンなんですよ。

ポストモダン？

――そう。日本だと一九八〇年代くらいから活発になった思想潮流です。「ポスト」は「後」、「モダン」は「近代」ですから、「近代の後」という意味ですね。

はあ。で、どんな思想なんですか？

——かなり雑に言えば、近代の産物である自由、平等、主体性、権利という考え方、あるいは国家や法などのシステムに対して、するどい懐疑を投げかける点が共通しています。そして正義というのもまた、その懐疑の焦点の一つだと言っていいでしょう。

ふむふむ。なんとなくみんな、正義とかってことを疑うのが流行している時代、ってことですかね。

——そうですね。ちなみにその起源の一つとも言えるのが、フリードリヒ・ニーチェです。

いやん！　ニーチェ先輩！

——好きですねぇ。

んー、でも先生。わたしが「正義」ってことをあんまり信頼できないのは、そんな時代の空気も、もちろんあるかもしれないですけど、もっとこう、普通に起きる出来事から学んだ結果だと思うんです。

正義は虚しい？

――例えばどんなことを、わたしたちは学ぶんでしょう？

そうですね。例えば、法律の不備とかって話です。一応法律って、世の中を正義《ただ》しく回すためにあるわけじゃないですか？

――はい。

でも、法律にしたがった結果が受け入れがたいことって、たくさんあると思うんです。

――ははあ。確か、ソクラテスの刑死の話をしたとき、須藤さんはだいぶ違和感を抱いてましたね。ソクラテスが法律を受け入れることを、正義《ただ》しいことであり、かつ魂の幸福でもあるとした話。

それとも関係あるかもしれません。あのときは確か、「法に背くという不正をしないことが、よき生」みたいな達観した感じが、納得いかなかったんですよね。あとは、法律はもっと人を幸福にするためにあるんじゃないの？　とも思いました。だから、どんな法律であってもそれを守るということを、正義《ただ》しさとしてこだわってたソクラテス先輩が、なんか変な感じがして。

——そこはむしろ、幸福とは何かということについての見解の相違でしょうね。ソクラテスにとっては、アテナイの法を無視するという不正を犯さないことが、魂の幸福を守ることなんですから。法を無視することを、魂の問題として受け取らない須藤さんには、ソクラテスは自分から死という不幸に向かっているようにしか見えないでしょうね。

そうなのか。じゃあ、幸福って話はひとまず置きましょう。とりあえず、法は人びとや社会の「正義《ただ》しい」状態を目指しているってことは確かですよね？

——まあ、とりあえずはそうですね。

ところが、その法を守るっていうことが、どうしても「正義《ただ》しい」とは思えない場合があると思うんです。先生、東野圭吾さんの『さまよう刃』って小説、読んだことあります？

——いいえ。どんなお話ですか？

堀内先生って、学術書はすんごくたくさん読んでるのに、小説とか映画とか詩とか、文芸的なのってあんまり知らないんですね……。

——な、何をおっしゃるウサギさん！　わたしだっていろいろと……。

りりぽんです。まあいいです。あらすじだけお話ししますね。

主人公は、長峰重樹さんっていうごく普通の会社員です。ちょっと老眼もはいりはじめたおじさん。彼は、奥さんを早くに亡くして、高校生になったばかりの絵摩ちゃんって娘と二人暮らしなんです。でも、そんな二人を……ほんとにもう目を背けたくなるような不幸が襲います。

──………。

絵摩ちゃんが、花火大会の帰りに未成年の男たちに拉致されてしまうんです。そのあとの描写がもうほんと、凄まじくて……。絵摩ちゃんは、男たちに心も体もズタズタにされた上に、無理やり注射された大量の覚せい剤のせいで、その日のうちに死んでしまいます。

──ううむ。

そして話は、お父さんである長峰さんの、犯人の少年たちへの復讐というストーリーで展開していきます。

──なるほど。

長峰さんは、すごく悩むんです。彼は謎の情報提供者から、犯人たちの情報を聞きだします。彼は、その情報を警察に伝えることももちろんできた。でも考えるんです。警察が犯人を捕まえたとしても、娘は浮かばれない。傷害致死ですから重い罪ではありますけど、未成年だってこともあるし、死刑には多分ならない。何年か少年院で矯正プログラムを受けたら、再び社会に戻ってくるわけです。身も心もズタズタにされて死んでしまった絵摩ちゃんのことを考えると、確かにあまりにも軽過ぎる気がします。そもそも、仮に死刑になったとしても、絵摩ちゃんの経験した苦痛には及ばないんじゃないかな。

——そうかもしれないですね。

そう考えた長峰さんは、警察に届けることをやめて、自分で復讐するという道を選択する。要するに、この小説のテーマは、正義ってなんなんだ、ってことなんですよね。さっきも言ったみたいに、法は正義を、しかもわたしたちみんなにとってのそれを目指しているはず。でも、その法が示すものは、少なくとも長峰さんにとっては、とても「正義《ただ》しい」とは言えないものだった。だから彼は、法が示している正義じゃなくて、自分自身にとっての答え、要するに復讐ってことに殉じようとするわけなんです。

——言わんとすることは分かりました。要するにこういうことでしょうか。

法というのは、わたしたちの社会の正義を表現し、また実際に社会を「正義《ただ》しい」ということのうちに維持しようとしている。それは、正義というものの具体的なあり方をさしあたり表現している。

はい。

——しかし、さっきの小説の例から須藤さんが言いたいのは、そのように正義を掲げる法も、必ずしもわたしたちのすべてがそれとして受け入れられるものではないということですね。

そうなんです。わたしたちは、ある場合には、個人として、法なるもの？　を敢えて無視して生きるということを求めずにはいられない。ちょっと悪さしてみようとかそんなんじゃなくて、もう、生きる意味の問題として、踏み越える場合があり得る。そしてその選択はしばしば、否定し得ない。娘を惨殺された親が、復讐を企てることとか。それでも法があくまで正義なのだとしたら、んー、ちょっと言い過ぎかもしれないですけど、その正義は、「正義《ただ》しい」かもしれないけど、なんかこう、「虚しい」な、って。

——随分大胆な言い方ですね。

ま、まあ、そんなすごい話なのかは分かりませんが、少なくともこの小説では、正義とは、ってことが、読者も含めてみんな分からなくなってしまうし、それはとてもリアルなことのようにわたしには思えたってことです。

——ううむ。まあ、言わんとすることは分かりました。

拝啓、アリストテレス先輩

――そんな風に物事を思考として突き詰めることは、なんら憚《はばか》る必要はないと思います。むしろそういう限界事例の中で、正義とは何か、実はそれには意味がないのではないかと真摯《しんし》に問うことは、とても重要だと思います。正義とは何かを考えたいのであれば、正義の外側に立ってみることもとても大事です。

ほっと一安心。

――はは。さっきわたしが憤《いきどお》っていたのは、正義に限らず、答えがすぐにでなそうなものを、ろくに考えもせず、安直に「ない」と言って恥じない知的な怠惰に対してです。さっきも言った通り、ポストモダンの思想家たちは皆、近代の思想的遺産を徹底的に疑いますが、それは、その懐疑に込められた知的な努力がハンパないものだからこそ偉大なのです。

ふむふむ。先生はつまり、そういう真摯な懐疑のプロセスを自分の足で？　頭で？　歩こうとすることもなく、現代思想の思想家さんたちの答えだけをお手軽に引用して、「絶対的な正義などないのだ」とか言うことを、「怠惰」だっていうわけですね。

――その通り。さてさて、その上でってことですが、須藤さんの正義のイメージは、もう少し深めておいた方がよさそうですね。改めて正義について、考えてみましょう。

お、やっときた！　テツガク！

・
・
・

――まずせっかくですから、さっき須藤さんが例にだしてくれた小説をヒントにしながら進めましょう。まず、主人公長峰の行き着いた答えである「復讐」ですが、これは正義ですか？

うーん、そうですね……、すっごく微妙なんですけど、少なくとも正義だと言い切ることはできないように思います。歯切れが悪くてすいません……。

――いえいえ、その歯切れの悪さが重要なんです。結論から言えば、わたしの考えでは、彼の復讐という選択は、正義であることの条件を部分的には含んでいつつ、しかし同時に充分ではない、ということなんだと思います。須藤さん、**アリストテレス**って知って

紀元前4世紀頃、大活躍していたあのアレキサンダー大王の家庭教師を務めていたことでも有名。「すべての人間は生まれながらにして知ることを欲する」と言ったんだよ。　（リ）

ます？

えーっと、確かプラトン先輩のお弟子さんですよね？　古代ギリシャの大哲学者の一人！

——そうですね。で、彼は、『ニコマコス倫理学』という書物の中で……。

ちょちょちょ、ちょっと待ってください！　それ、ちょっと勉強しました。アリストテレス先輩の正義についてですよね。

——お、予習ですか？　素晴らしい。では須藤先生のアリストテレス正義論講義。

えーとですね、アリストテレス先輩によれば、まず正義は大きく、**適法性に基づく正《た》義《だ》しさ**と、**均等性に基づく正義《ただ》しさ**に分かれます。前者は、法にしたがっていることを正義とするという意味で、**一般的な正義**といわれます。他方後者は、平等であることや公正であることを正義とするという意味で、**特殊的正義**と呼ばれます。

——ふむふむ。前者はソクラテスの話と繋がりますね。

そうそう！　そんで後者はさらに、**分配的正義**と**矯正的正義**に分けられます。

分配的正義は、簡単にいうと、物を配るときの正義《ただ》しさです。例えば、何かを配るときには、それを得るためにたくさん働いた人には多く、少なく働いた人には少なく配るというのは、正義《ただ》しさの一つの形です。そしてその場合、配るときの割合は、配られる人たちのなんらかの価値の比――この場合だと、配られるものを得る上での、それぞれの貢献の度合いの比――に応じていなければなりません。

――そうですね。「正義」っていうと、少なくとも日本語だと少し大げさに聞こえますけど、例えば、社員に与えられる報酬は、会社への貢献の度合いに応じる、というのは、一つの「正（義）しさ」ですね。少なくとも、ほとんど働いていない社長が独り占め、とかよりは。

はい。そして、わたしの勘なんですけど、さっきの犯罪と復讐、罪と罰という話は、強いて言えば二つ目の矯正的正義っていうのに関わってるんじゃないかと思うんです。「矯正」って漢字からすると、正義《ただ》しい形に戻す、みたいなことだと思うし。

――まさに！　「匡正」と書かれることもありますが、意味は同じです。矯正的正義が着目するのは、Aさんが、Bさんに本来与えられるはずのものを余分に（プラスに）持っているという不正です。わたしたちは感覚的に、そのような正当化できない偏《かたよ》りを、ちょうどその不正の分だけ、元に戻さなければならない、均衡を回復しなければならないと感じるわけですが、それを矯正的正義といいます。

なるほどなるほど。それって、マイナスのときも考え方は同じですよね。AさんがBさんに危害を加えた場合、Bさんはマイナスの状態にあるわけですけど、正義は、その均衡？　を回復するために、Ｂさんのマイナスと同じ分だけ、Ａさんは何かを償わなければならない、とわたしたちに働きかけている、みたいな。

——その通りです。

そうか。うん、やっぱりこっちの方が、さっきの話によく当てはまる。さっきの話で言えば、絵摩ちゃんは、二人の少年によって辱《はずかし》められて殺された。だから長峰は、被害者が負ったその事実に見合うものを、二人の少年に支払わせることによって、元の平らな状態を取り戻そうとしたっていうことですね。

——ある意味ではそういうことです。正義と呼ばれるものの条件を、部分的に含んでいると言ったのは、そういうこと。均衡の回復、ということですね。

ただし同時に、全《まった》き正義と言うには、不足しているものがあります。別の言い方をすれば、復讐と矯正的正義の違いとも言えますが。

うー、もったいぶらないで教えてくださいよ。

——要するに、後者の矯正的正義には、加害者が償うべき、被害者が失ったものと同等なるものを決定するとき、また実際にそれを償わせるとき、当事者ではない第三者が介在するということです。

それって、警察官とか裁判官とか、んーと、刑務官？　とかってことですか？

――あるいは、それらを含んだ国家というシステムですね。そしてその裁判官は恣意的《しい》であってはならず、法にしたがって同等なるものを定義します。そしてそれが、単なる復讐と矯正的正義を区別すると言うことができるでしょう。

個人が「目には目を」みたいな復讐の考え方で行動するのではダメってことですか？

――その言い方は二重に微妙ですね。まず、復讐というのは、さっきも言った通り、不正を元に戻すという意味で、正義の条件を部分的に含んでいます。そして、「目には目を」というのは「同害報復の原則」と呼ばれるものの典型ですが、これは復讐を規制する原理であって、復讐そのものではない。

？？？

――よくいわれることですが、「目には目を」というのは、「目を奪われた者は、復讐するときは、相手の目を奪うにとどめておけ」という意味ともとれます。ハンムラビ法典の実際の運用がどうだったかはよく分かりませんが、少なくともこの解釈からは、復讐者に対する、第三者としての法による規制の存在が導かれるわけです。

んーと、つまり、復讐を正義《ただ》しい形に留《とど》めようとしているという意味で、正義を目指す法なんだ、ということ？

紀元前1792年から紀元前1750年にバビロニア帝国を治めていたハンムラビ王がつくった法典。完全な形で残っている法典の中では、世界で2番目に古い。石に書かれ、神殿に置かれていたそう。　（リ）

――まあそう言えなくもないということです。無秩序な復讐の肯定ではないという意味で。ただし復讐そのものを禁じておらず、判断と刑の執行をする公平な第三者を準備していないという意味では、矯正的正義の前段階に留まる、くらいの言い方になりますかね。

んー、なるほど。無秩序無際限な復讐→同害報復の原則→矯正的正義の順に、正義っぽくなっていく、みたいな感じですかね。まあでもどちらにしろ、ある意味で予想通りですけど、長峰さんの出した答えっていうのは、やっぱり正義たり得ないってことですね？

――そういうことになりますね。正義というのは、人と人との関係性に関わるものであり、人と人との間にまたがって、個人を超える形で存在を承認されている必要があります。その意味では、個人的な正義というのは、ナンセンスな言い方と言わざるを得ないでしょう。

でもでも、やっぱり、残酷な仕方で命を奪われたってこととか、そんな形で娘を失ったってことがあって、犯人に償わせるべき、それと同等のことなんて、第三者が決定できるんでしょうか？　なんだか正義って、人を人と見ていない感じがする。人が本当に感じる苦しみや悲しみをばっさりと切り落として、何かを決定するマシンみたいな。なんか、すごく硬くて冷たい感じ。

――かといって、死んでしまった当事者はそれを決定することはできないですし、残された家族がそれを決定することができるというのも、ちょっと信頼できません。残された家族の能力の問題ではありませんよ？　そうじゃなくて、例えばその長峰の娘を思う気持ちは、そもそも量ることができなそうだ、という意味です。そして、それでもわたしたちは、それなりに落としどころを見出して、社会を回していかなくてはいけない。それを可能にするものが法であり、その原理が正義だというように、この場合だと考えられます。

うむむ。

愛のアンビバレンス

んー、そうかー。娘への愛ゆえになされた復讐は、やっぱり正義と相いれないってことですね……。愛と正義って、それこそ正義の味方が揃《そろ》えて持ってなきゃいけない美徳のセットだと思うんだけどな。

——セーラー戦士の話ですか？

　は？

——いえ、なんでもありません。

　しかし、愛と正義がセットだっていうのは、まんざらまったくの間違いとも言えないと思いますよ。

　え？　だって、さっきの話でいえば、父親の娘に対する愛は、正義と法の対抗物じゃないですか。深く深く愛しているからこそ、父は、正義と法を無視して顧みなかったわけですし。その溝はもう永遠に埋まりそうにない気がします。

——そういう意味ではそうですね。

　しかし他方で、正義とそれを実現しようとする法がそれなりに規範性や強制力を持ち得るとするならば、愛が必要です。正確に言うと、自分自身を適切に肯定しているという意味での自己愛であり、その自己愛を媒介する他者からの愛ですね。

　愛している相手の言うことにはしたがう、とか？

——それも関係あるかもしれませんが、もっと単純な話です。須藤さん、インターネッ

このときは分からなかったが、『美少女戦士セーラームーン』のヒロイン、セーラームーンのキャッチフレーズが「愛と正義のセーラー服美少女戦士」だった。そんなことまで知ってるんですね……。（リ）

トのスラングで「無敵の人」ってご存知ですか？

なんとなく。犯罪者で、もう失うものがなくなって、死んでもいいかなって思ってる人のことですよね。

――そうです。なぜ無敵なのか。それは端的に、彼が自分自身を愛していないからですね。普通に考えて、人は、必ずしも道徳的な意志の力によってだけ、法やルールにしたがっているわけではありません。

それはそうだと思います。物を盗んだら警察に捕まって刑務所に入れられるってことへの恐怖心が、犯罪を防止している側面はあると思います。

――そうです。別に明確な犯罪だけではなくて、道徳的なルールにしたがうときも、そのルールを守らないことによるサンクション（制裁）を恐れるがゆえにしたがうというのは、普通にありそうなことです。

そしてそこで重要なのは、サンクションを恐れるということは、自分自身を大事に思っているということに依存している点なんですね。言い方を変えれば、自分の身が可愛いから、サンクションが怖い。だからしぶしぶルールにしたがうということ。

そう言われるとなんだか貶《おとし》められている気もしますけど、まあそうだと思います。

――いや、これは大事なんですよ。自分の身が可愛いということがまったくない、究極的には、もう死にたいと思っている人には、ほとんどのサンクションは意味がありません。だって命を奪うということは、代表的かつかなり強大なサンクションでしょう？でもそれを相手がサンクションと感じないのであれば、その相手に言うことを聞かせるのは、極めて困難です。

長峰さんみたいに、自分自身よりも愛する人がいるならば、別でしょうけど。

――そうですね。逆に言えば、最愛の娘を失った時点で、彼にはいかなるサンクションも意味をなさなくなったわけです。その意味では、彼も無敵の人だったと言えます。正義が通用しない、無敵の人。

はい。

――その意味では、愛は法と正義を無効化するもの、法と正義にとっては危険なものなのです。ですが他方で、通常の意味で法と正義が有効であるためには、サンクションが通用することが必要で、サンクションが人を動かすためには、その人がその人自身を基本的に肯定していなくてはいけないわけです。

あー、そっか。確かに、無差別殺人を犯した人が、その動機として「死刑になりたかった」とか言うことがありますけど、あれって聞いている方としてはものすごく怖いです。

――そうそう、それです。なぜそこに根源的な恐怖をわたしたちは感じるのか。それは、その人が、わたしたちの正義や法の外側にいるということが露《あら》わになるからです。

ふむふむ。確かに、自分自身の欲望のために罪を犯そうとしている人には、何らかの仕方でその振る舞いがその人自身の不利益になるようにすれば、犯罪を防ぐことはできるかもしれない。でも、自分自身を大事に思ってなくて、自分自身の命すら顧みない、ある意味での無欲な人には、わたしたちは為す術《すべ》がない、ってことですね。

——その通り。冴えてますね。

……そっか。でもそれって、カント先輩とはまったく相いれない考え方ですね。

——お、いいですね！　その心は？

だってカント先輩は、**欲望を意志の力で克服することが道徳の条件**だって言ったわけでしょ？　逆に言えば、自分の利益になるからよいことをするなんてことは、カント先輩にとっては不道徳なわけで。でもいまの話は、人が、基本的に自分自身を可愛く思っていて、自分の利益を考えて行動しているからこそ、そのことを取っ掛かりにして正義を成立させようとしているから。

——まったくその通りです。もちろん、損得に関わりなく個々人が意志の力で道徳的になって、その人たちが寄り集まって「正義《ただ》しい社会」をつくる、ということは、想定は可能です。しかし法と正義を実現するための強制力という点を考えたときには、個々人が自分を可愛く思っていること、自分自身がこの世界に生きているということの基本的な肯定が必要だということです。

そっか。カント先輩の道徳論って、ある意味で「美しい」けど、だからこそ現実にはありそうもない、ってことなのかな。

——そうですね。そもそも道徳ってのは理想論であり、キレイごとです。もちろん、だからこそ重要なのですが。まあ、どちらがよりよい人間の生き方かは置くとしても、とにかく、愛は法と正義にとって、とても厄介なものだということです。**愛ゆえに、人は法と正義を無視することもありますが、しかし人びとが自分自身を愛しているということが、正義の実現を目指す法の強制力の要でもある**のです。

正義の二原理！

でもでも先生、やっぱりわたし、この間からのひっかかりをもうちょっと突き詰めたいです。

――というと？

わたし、さっきまでの話を聞いてて、やっぱり先生は、法と正義を基本的に同じと考えてるっていうか、法が正義を決める、みたいなことを言ってる気がします。

――ふうむ。

でもやっぱり、法＝正義っていうのは、なんかちょっと違う気がします。だって、法がつねに正義なんだったら、すべての法律はもう完璧で絶対的なものみたいな感じがするじゃないですか。

――確かに、さっきは簡単に済ませましたが、アリストテレスのいう一般的な正義は、法にしたがっているということでした。法の内容によらず、法にしたがうことそのものを正義と考えているというのは、ソクラテスもそうでしたが。

それもそう。要するに、さっきまでの話は、法が正義よりも上位にあるんですよ。でも普通に考えて、現実の法には不備もあるわけだから、そんなものも一律に正義なんていうのは変です。

――ふむ。一つには、古代ギリシャの法という言葉には、実定法（実際に成文化されて効力を持っている法）だけではなく、慣習や道徳も含まれているということがあるのですが……、それでは答えになりませんね。須藤さんが訊いているのは、正義の方が法よりも上位にあるのではないか、ということですか？

そう捉えてもらっても構いません。

――なるほど。もっともな疑問です。そして実のところ、現代の正義論においては、正義は法よりも上位にあって、むしろそれにしたがって法がつくられるべきところのものです。

実際そうなんですね⁉

――はい。ではここでちょっとだけ現代正義論の話もしておきましょうか。

はい！

・・・

――何を隠そう、現代正義論とは、さっき須藤さんが触れたアリストテレスの分配的正義論の延長線上にあるものです。

物を配るときの正《ただ》しさ、って話ですね。

――その通り。細かな話をしようと思えばいくらでもできるんですが、ここでは、現代正義論の代表的な論者である**ジョン・ロールズ**●

米陸軍に所属していたアーミー哲学者。第２次世界大戦に敗れた日本に占領軍の一員として訪れ、広島の原爆投下の惨状を目の当たりにしてショックを受け、除隊。（リ）

が提唱した、正義の二原理を挙げてみましょう。須藤さん、これ、ちょっと読み上げてみてください。

あー、キレイな本ですねー。白？　クリーム色？……って、何これ⁉　めちゃくちゃ分厚い‼　これ、凶器になりますよ！　まさに鈍器‼

——えーと（汗）、言わんとすることは分かりますが、まあ読んでください。

なになに？

完全に余談だが、いま一番読んでみたいのは、堀内先生に「アイドルが読むのはちょっと……」と言われている本。インドの秘伝書『カーマスートラ』という本で、いわゆるHow to Sex 本。興味!!　（り）

第一原理：各人は、平等な基本的諸自由の最も広範な全システムに対する権利を保持すべきである。ただし最も広範な全システムといっても〔無制限なものではなく〕すべての人の自由の同様〔に広範〕な体系と両立可能なものでなければならない。

第二原理：社会的・経済的不平等は、次の二条件を充たすように編成されなければならない。

（a）そうした不平等が、正義にかなった貯蓄原理と首尾一貫しつつ、最も不遇な人びとの最大の便益に資するように。
（b）公正な機会均等の諸条件のもとで、全員に開かれている職務と地位に付帯する〔ものだけに不平等がとどまる〕ように。
（出典：ジョン・ロールズ　川本隆史ほか訳　2010『正義論〔改訂版〕』紀伊國屋書店）


ぐはぁあぁぁぁぁぁぁ。頭痛くなってくる〜。

——まぁまぁ（笑）。難しいのは分かりますが、とても重要なことが書いてあるんですよ。一つずついきましょう。

まず、第一原理について。これはざっくり言えば、人びとは皆自由であるべきですよ、ただし、ほかの人の自由と両立する限りでね、ということです。

あー、それなら分かります。ていうか、そう書いてくれればいいのに。**リベラリズム**って考え方ですよね？

——その通りです。では、第二原理は分かりますか？

えーっと、「不平等は〜編成されなければならない」？　よく分かんないですけど、んー、不平等の「範囲」みたいな話ですかね？　不平等はなきゃない方がいいけど、これくらいの不平等ならいいよ、

自由主義。異質な価値観を持った者同士の共存は個々人の自由を認め合い、共生することでしか実現しないという考え。（リ）

みたいな。

――そうそうそう！　分かってるじゃないですか。ある意味でロールズの正義論は、「正義」という徳に恥じない、許容可能な不平等を定義する、みたいな側面があります。じゃあどんな不平等ならいい？

えーっと、（b）の方から言うと、「公正な機会均等」がポイントなんですかね？　職務と地位だから、お仕事についての話かな？　公平なルールに基づいてゲットした仕事で報酬をもらうんならよい、とか。

――及第点です。別の言い方をすると、世襲制とか男女差別、人種差別などはあってはならないってことですね。じゃあ（a）は？

前半はよく分かんないですけど、「最も不遇な人びとの最大の便益」ってのがポイントっぽいですね。

――イイ線いってます。前半の貯蓄原理云々は世代間正義に関わる問題ですが、細かな話になるので割愛するとして、「最も不遇な人びとの最大の便益」というのは、ロールズの正義論の一番有名かつ要になる部分だと言えます。「格差原理」と呼ばれるんですが。

といいますと？

――そろそろ限界ですかね？（笑）

この話は、社会において生みだされた富（財）を、誰がどれくらい持つのが正義《ただ》しいのか、という話なんです。一つの考え方は、自分が働いて得たものは、全部自分のもの、というやつ。でも実際のわたしたちの社会では、一定のお金を税金として一度集めて、配り直して調節しますよね。例えば福祉とかいった形で。

あ、再分配ってやつですね。

——そう。わたしたちの社会は、そうやって、個々人が所有する財を全体として調節するシステムを持っていて、それによって成り立っているわけです。平等という正義《ただ》しさを目指しているわけですね。そうすると、どんな塩梅《あんばい》で調整するのがよいのか、ある調整システムが「正義《ただ》しい」と言う場合、なぜそう言えるのか。その原理を考えるのが、現代正義論なわけです。

ぅう。難しい。んーと、んーと、要するに、誰にどんな具合に財を割り当てるかってパターンがいくつかあったとして、このうちのどれにしようか？　って話のときには、その社会で一番恵まれてない人に着目する。んで、その一番恵まれてない人が、それでもほかのパターンよりは得をするようなパターンを選びましょう、ってこと？

——うんうん。だいたい合ってます。

あ、あ、でもこれは納得！　ロールズ先輩の考える正義って、法律を守るとかではなくて、なんていうか、それも含めた国全体の形が、「正義《ただ》しい」って言えるときの条件ってことですよね？

――気づいてくれましたか！　そうなんですよ。確かに古代ギリシャの、あるいはそれこそ近代になっても、法が正義を定めるというのは根強い考え方ではあります。ですが同時に、現代の正義論は、その法の束としてのある国家のシステムが――まあ財の分配ということに限ってではありますが――「正義《ただ》しい」と言えるための条件というか、原理を示している。その意味では、法よりも正義の方が上位にあるわけです。

無知のベールと二人の距離

でもね先生、なんかすごく変な質問なんですけど、ロールズ先輩が頑張って考えだしたアイデアだってことは分かるんですけど、それだってみんなが同意できるかどうかは分かんないですよね？　それこそ、先生は嫌いな言い方かもしれないですけど、正義は人によって違うかもしれないし。

——いえ、むしろロールズが取り組んだのはその点です。彼の言い方で言うと、「**無知のベール**」を被《かぶ》れば、この正義の原理にはすべての人が同意するはずなんです。

な、なんか被ると頭が悪くなりそうな……。

——随分失礼な言い方ですね（苦笑）。無知のベールはそういう意味ではありません。要するにこれは、自分がこの社会の中でどんな位置にいて、現にどんなものを所有しているのかということを分からないものとして考える、という意味なんです。

んー、じゃあわたしが無知のベールを被ると、わたしはアイドルで須藤凜々花だってことが分からなくなる？

——そうですね。国籍、人種、性別、お金持ちかそうじゃないか、そのほかもろもろ、知らないという状態です。

そうやって無知になると、なんで同意できるんですか？

——自分自身が現に社会においてどんな人であるかを知らない、その状態で、社会の基本原理を選ぶわけです。選ぶ原理によっては、すごく楽な人生を送れるかもしれないし、逆かもしれない。

お互いに年齢や性別・人種・社会的地位などを知らない状態って、わたしが若い女性でもアイドルでもなかったら、どんな正義を選ぶんだろう（´・ω・`）　（り）

はー、それは怖いですね。

——そう、怖いんです。そして、ものすごく単純化して言うと、ロールズは、そんな状態で社会の原理を選ぶとき、合理的な人だったら、その選択しようとしている原理によって、社会の中で一番不遇な人はどうなるかを気にするはずだ、というわけです。

あー、なんか分かったかも。もし万が一自分が社会の中で一番不遇だったとしても、ほかの原理を選んだときと比べて一番マシなものを選ぶっていう安全策？　を、人は選択するはずだ、ってことですね？

——そうなんです。自分の社会における地位を知っている人ならば、現に自分に一番有利になるような社会の原理を選ぶのは当然です。しかしもしそれが分からないとしたら、最悪の場合を考えて一番マシな選択をするはず。そしてこの格差原理は、その「最悪の場合でも一番マシ」ということを目指すものなわけですから、万人が同意するはずだ、というわけです。細かく論証すればもっといろいろありますけどね。

・
・
・

えーと、じゃあ、ロールズ先輩は、何かで争いになったときは、みんなでいっしょに無知のベールを被って話し合いましょうって言ってるんですか？

――いえ、わたしの考えでは、そうではありません。これは正当化の理論であり、また規範理論ですから、人びとの話し合いは原則的には必要ありません。

え？　じゃあ、わたしがこれ違う！　と思っても、理論的に正当化されたことだから関係ない、ってことになっちゃうんですか？

――うーん、もちろん、どちらのシステム設計が、より正義の二原理に適合的かということをめぐる争いはあり得ますよ？　でも、原理的には、須藤さんがなんと言おうと、それは須藤さんが生まれ落ちた状況、生きている状況に依存した恣意的な考え方ということになるでしょう。それを取り除くための無知のベールですから。

え？　そうなんですか？　それはちょっと……やっぱり正義って人によって違うと思うし……。

――須藤さん、正直言ってちょっと残念です。いままで散々議論してきたのに、結局そこに落ち着いてしまうんですか？　正義というのは、そういう個々人の状況を超えて存在していて、むしろそれを目安にわたしたちのあり方が吟味されるようなものなんですよ。個人的な正義なんていうのは、意味がなくて……。

堀内先生、それってなんか変です。

——…………。

だって堀内先生はいままで、何かを問うことっていうのをずっとわたしに奨《すす》めてきたじゃないですか。本当に底の底まで問うべきだって。知を持っている者ではなく、知に恋い焦がれ、それを求めている者が哲学者と呼ぶに相応《ふさわ》しい。だから、問い続けるべきだって。

——そうですよ。ですから……。

なのに結局先生は、唯一の普遍的な答えにわたしたちはしたがうべきだって言うんですか？

——人が何かを問い続けるためにこそ、そのことを支える社会の枠組みが必要なんですよ。須藤さんが「よく」生きたいというのは、よく分かっているつもりです。しかし、個々人が自分自身の「よさ」を安心して追求するためには、そういう異質な人びとが共生するためのルールとして、やっぱり「正義」が重要なんです。そもそも正義というのは……。

なんかよく分かりません。ロールズ先輩は、すごく頑張って思考を積み重ねて、一つの正義の形を見つけたのかもしれない。それはもしかしたら普遍的な正義なのかもしれない。でもわたしは、わたし自身の人生の中で、現実の人生の中で、わたし自身にとって本当に大事なものはなんなのかということを考えていきたい。でもロールズ先輩の正義は、わたし自身の人生を枠にはめようとしている気がする。この中で生きなさい、って。

——…………。

……ほんと言うと、今日の話は、なんか全部そんな感じでした。……大事なことだってのは、もちろん分かります。でも……。

——…………。

……もしかしたら、わたしの一生は、特にその枠に障らない範囲で終わるかもしれない。だったら別にいいのかもしれない。でもやっぱり、この枠の中で生きなさいって言われるのは、なんか嫌です。わたしはこのわたしを背負って、わたし自身に殉じて生きて死にたい！

——……そうですか。

はい。……すいません、ダンスのレッスンの時間です。マネージャーさんも待ってるので、失礼します。

——…………。

しゃくれ×ひねくれ
～カンティアンの三歳児～

三歳の頃、幼稚園の中にある滑り台を、「死ぬーっ‼」と叫びながら滑ることが生きがいだった。母親が来る授業参観だろうが、通常運転なのが私のよいところであり、悪いところでもあった。

「死ぬーっ‼」

怒られた。

「死ぬなんて言っちゃいけません！　女の子がそんな悪い言葉使っちゃいけません！　本当に死んだらどうするの！」

（どうしようもできないよ、ママ。「死ぬ」ってそんなに悪い言葉かなあ）

と思いつつ、素直に謝る。

そう、私は優等生の皮を被った鬼だった。


家に帰り、ベッドの中で物思いに耽《ふけ》る。

(なぜ私は今日怒られたのだろうか?)

まったく理解できなかったから、とりあえず、罪悪感とワクワク感と毛布に包まれながら、

「死ぬ死ぬ死ぬ死ぬ死ぬ……死ぬ死ぬ」

と、連呼してみた。

(私は何をしているんだろう?)

と、すぐに我に返った。言わなくなった。


生きがいを潰《つぶ》された私は、新たな生きがいをすぐに見つけた。下顎を突きだす変顔の一種、しゃくれることだ。

「ママー見てー! しゃくれ〜!!(しゃくれる)」

怒られた。

「そんな顔ばっかりしてたら、元に戻らなくなるよ！　お友達のとおるちゃんのママみたいにしゃくれ顔になるよ！」

（なぜしゃくれることまで制限されなければならないのか。それは逆にとおるちゃんのママに失礼だよぉ）

と、思いつつ、素直に謝る。恐ろしい子どもだ。

やはり怒られたことに納得のいかない私は、寝室へ向かう。

寝室の壁に向かって、欲望を解き放つように、いままでで一番のしゃくれ顔を披露してやった。

清々しい気持ちになった。と同時に、

（私は何をしているんだろう？）

とすぐさま我に返った。気が済んだ。

私は何を書いているんだろう、と迷子になりかけているので話を元に戻すと、これらのエピソードで言いたいことはズバリ、私は小さな頃から反骨精神の塊であった、ということ。そしてさらにタチが悪いのが、表向きには一回受け入れる、ということ。クソガキの中のクソガキだったのだ。

まず、そもそも三歳の頃の記憶がここまで鮮明であること、この事実も、私の精神の一端を担っている。いまこうしている記憶がなくなってしまう、という至極当たり前の原理に対して悔しいと思った。ナメるなと思った。その一心で、三歳という人生の節目の年（と勝手に思っていた当時の私）は、どんな些細《ささい》な行動、感情もぜったいに忘れない！　という心意気で過ごしたのだ。

私が挑んだ時間経過による記憶の消失に対する闘いの成果の一つとして、こんなエピソードがある。「りりちゃんはこんなに可愛いけれど、いつかは反抗期がきて、ママのことが嫌いになる時期がきちゃうんだよね」と、母親が私を膝に乗せながらつぶやいた。私はもちろん否定する。ママのことを嫌いになったりぜったいしない、と。それでも母に、大きくなったら分かるよ、と切なく微笑《ほほえ》みかけられた瞬間、私は強く誓うのだった。反抗なんか意地でもするもんか。拗れに拗れた反抗期のはじまりだった。

一見厄介な子どもだが、実のところすごく〈道徳的な〉子どもだった。

心の中は全部、死んでしまったおじいちゃんが、微笑みながらお空から見ていると思っていた。頭がよくて、よく肩車をしてくれたおじいちゃん、大好きだったおじいちゃん。がっかりさせたくない。意地悪な感情や狡《ずる》さが一瞬よぎっただけで、心の中で自分を律した。だから、怒られたから反省する、という思考停止で嫌々する行為も嫌った。

怒られた理由を考え、納得したのなら自分がそうするだけ。そうでなければ、私を怒った人にも失礼だと思ったから。反省した結果が両者にとって同じでも、私にとっては、私の心の中にとっては、まったく違ったのだ。

これは、カント先輩の「善意志」という考え方と似ている。結果が正しければ良い、というのではダメで、結果を真っ直ぐな動機で、つまり善意志で行うことこそが道徳的なのだ。このように、カント先輩の道徳は非常に厳格なことで有名である。そんな善意志の種を、三歳から育てていた私は天才かもしれない（あはは）。

自惚《うぬぼ》れかもしれないが、周囲からの評価も高かった。祖母からは「ナウシカの生まれ変わり」と呼ばれ、母（仏教徒）には「聖母マリア様のよう」とまで言わしめた。しかし時は流れ、私の本性が顔を出す。

十数年後、上田秋成先輩の『青頭巾』という小説に対する自分の感想に、恐怖を覚えることになる。青頭巾のお話をザッと説明すると、

昔、里の山に評判の高い住職がいた。その住職は北陸の寺に一〇〇日間滞在した際、一二、三歳になる美しい少年を連れて帰り、以来勉学や修行が疎《おろそ》かになるほど寵愛《ちょうあい》していた。ところが少年は病にかかり、死んでしまう。住職は嘆きの深さから錯乱し、少年の死体を食べ尽くした。それからは夜な夜な里に下りて人を襲い、墓をあばいて死体を食う鬼になってしまった。

あるとき、その里へ通りかかった徳の高い禅師がいた。鬼を元の心に立ち返らせようと住処に赴き、一泊させてもらうことになる。鬼は、夜になると禅師を食べようとしたが、徳の高い禅師を食べることはかなわず、「この悪業を捨て去る方法があれば教えてください」と請う。そこで、禅師は鬼を石の上に座らせ被っていた青い頭巾を与えると、証道歌のうちの二句を唱えるように教えてその場を去った。

一年が過ぎ、再びその里を訪れた禅師は、前回の訪問以来、鬼が出なくなったことを知る。住処を訪れたところ、鬼は同じ場所で、髪や髭を乱し禅師が教えた二句を唱え続けていた。禅師が禅杖で鬼の頭を打つと、たちまち鬼は消えうせ、被っていた青頭巾と骨だけがその場に残った。

私は、その中の鬼の側に感情移入してしまったのだ。なんという怪談。最後、解脱させられる場面で、鬼は青頭巾を残して消えていく。これが、「本当は反省していないけれど、形式的には消えてやるよ」という当てつけにしか見えなくて、しかもそれをいいね、と思ってしまったのだ。私にとっては、男だろうと女だろうと、最愛の人が死んだ悲しみで狂って人を食べてしまうことより、最愛の人が死んでしまっても理性的でいられることの方が、自己嫌悪に陥りそうだった。青頭巾を被った鬼、そして優等生の皮を被った鬼にとっての正義。

正しいということ、つまり正義とは、「みんなにとって」正しいことだ。そして、みんなそれぞれの正義があることも確かである。だからといって、正義が、みんなの善の多数決や平均値であってほしくない。普遍的な正義なんてない、正義は流動的なものだと歴史が証明している。私が求めるのは、善と善のぶつかり合い、いわば闘争の上での正義。鬼を退治する桃太郎が、桃太郎の皮を被った鬼ではないか。

無責任で過激で厄介で道徳的なコラムの最後は、偉大なるフーコー先輩の言葉で飾りたい。

「私ならむしろ、それは常に手放されてはならない批判の原理なのだ、と言うでしょう。その都度の決定において合意的でない部分がどれくらいの比率であって、それは避けられないかどうか、とそう自らに問いかけることです」

さすがっす。

第五章
大人になるということ

哲学の孤独

あーあ、やっぱりマズかったかなー。

(???)　まだ悩んでんの？　あのホリウチって人のとこ飛びだしたこと。

飛びだしたわけじゃないよ。レッスンの時間だったのは本当だし。

(???)　そして、あの人の言うことが納得できなかったのも本当だしね。

それはまあ、そうなんだけどさ。

(???)　それにしても分からないのは、結局何が彼とキミとの分岐点だったかってことなんだよね。ボクはキミほど哲学を勉強した経験はないもんだから、まったくさっぱりさ。キミ自身は、その分岐点がどこだったか分かっているの？

漠然とね。ここがソレだ!!　ってうまく説明できるか分かんないけど。

(???)　んー、ボクは哲学のことをよく知らないけど、それじゃいけないんじゃないの？　キミとホリウチが決裂したのは、それはそれとして重要な意味を持っている気がする。何事においても、違いを理解することは大切さ。そのことによって自分を知り、相手のことも知れる。それが人の成長ってものの一部をなしていることは疑い得ない。

アナタって、ときどきすごく本質的なこと言うよね。哲学なんか興味ないとか言ってるくせに。

（？？？）ははは。お褒めにあずかり光栄だ。しかしともかく、少しこれまでの話を振り返って、自分自身の輪郭を確かめておくってのは、結構大事だと思うよ。

いや、でもさ。なんというか、傷口が開く、的な、ね？

（？？？）いままでの話を思いだすことが？

うん。

（？？？）怖い？

うーん、自分が根本的に間違ってるかも、ってのは、やっぱり怖いよ。

（？？？）ますますやるべきだ。**哲学は血を流しながらやるもの**。中島義道さん風に言えばね。それかキミの好きなニーチェ風に言えば、**人生を危険にさらしながらやるもの**だよ。

分かってるよ。じゃあ、少し付き合ってよ。哲学対話。

（？？？）面倒臭いな……。

けしかけたんじゃん！　責任とれ！

（？？？）　はいはいはい。分かりましたよ。

・　・　・

（？？？）　最初にやったのはなんだったっけ？

「生きるということ」だったはず。確か。

（？？？）　その要点って、なんだったんだろう？

多分一つは、「ただ生きること」と「よく生きること」の区別だったと思う。プラトン先輩の書いた『クリトン』の中で、ソクラテス先輩が言った言葉。最初は単になんとなくカッコいいと思っただけで……。だけど実は、すごく重要なことを言ってた。

（？？？）　どんな意味で重要だったのかな？

人生を充実させようという努力を、諦めてはいけないってことかな。でも同時に、充実した「よい」人生っていうのがなんなのか、あらかじめ決まってるわけじゃないってことも知った。だから、**よい人生っていうのは、自分自身のよい人生ってどんなものなのかを吟味し続ける人生、って側面を含んでいる**んだよね。

(???)「吟味を欠いた生というものは、生きるに値しない」か。なかなかいいこと言うよね。だいたいにおいて人は、事柄がスムーズに進むことを好む傾向にある。いい学校に入って、いい会社に入って、いい伴侶を見つけて……。なるべくスムーズに進むように、なるべく不確定要因を避けて。イチイチ躓《つまず》くのは、そいつの能力が低いから。よい人生とは何かだって？　そんなこと悩むのは鈍くさい奴だけさ、バカバカしい。

わたしの被害妄想かもしれないけど、世の中にはそんな風に考えてる人がとっても多いような気がしてる。でも、そんな風に言ってる人は、逆に不憫《ふびん》にも思えた。だって、わたしたち、みーんな、死んじゃうじゃん？

(???)うん。そうだね。明日のために今日を犠牲にして頑張る。そのことはまあ、多分美しい。けど、そうやって、明日のためにつねに今日を犠牲にして生きていった結果は、「死」なんだ。なーんにもない。ゼロ。とんでもない不条理さ。ある意味では、圧倒的な平等とも言えるけどね。

本当に眩暈《めまい》がするよ、そのことを思うときは。すべてが色あせて見える。世界がとても異質なものに見える。とても慣れ親しんだものだった世界が、ぎょっとするほど違って見えて、虚しさがこみあげてくる。

(???)そうだね。それに、この圧倒的な不条理を共有しているはずの他者たちが、普通に日々を生きていられることが、むしろ恐ろしく思えてくる。そして、圧倒的な孤独を感じる。

まあなんにしろ、要するに、キミは一度、生の不条理に触れたわけさ。キミは勝手に生まれさせられて、時間が経ったら、この世から強制退場。もちろんキミはアイドルだし、たくさんの人に愛されているのは確かなんだけど、死んだらゼロだ。なんて不条理。すべてを失うのなら、それが宿命だとするなら、むしろ生まれなければよかったかもしれないとすら思う。ところがどっこい、「生まれない」なんてことは、キミには選べなかったんだ。だってそれは徹頭徹尾、受身形の事実でしかないからね。ははは。笑うしかない。

でもね、そういう「被投性」の不条理に直面する中で、自分が、いろんな人たちといっしょに、いま、ここで、この世界で生きているってことが、たまらなく愛しくなってくるのも事実なんだよね。このわたしは、もっと言えば、このわたしのいるこの世界は、別に存在しなくてもなんの不思議もなかった。それどころかむしろ、わたしのいるこの世界が存在することの方が、実はとてつもなく不思議っていうか、まったくあり得そうもないことなんだよね。

(?・?・?)「なぜ、何もないのではなく、何かが在るのか」。この問いの意味を本当に理解すると、この世界で生きることが愛おしく思えてくる。なるほどそれは、ありそうなことだね。宝くじの当選確率が一千万分の一だか一億分の一だか知らないけど、そんなのとは比較にならない。何しろ、宝くじは当たりがあるし、なくちゃ宝くじじゃなくなっちゃうから困るんだけど、世界が存在することも、その中でキミが存在することも、なくてもまったく不思議じゃないんだからね。

ほんとそうだよね。**圧倒的にあり得そうもないことが、現にあり得ているという奇跡。**

（？？？）うん。そこを感じ取れればしめたものだ。存在という、一番底の底の底。ここで自分自身の生を愛おしく思えるのであれば……。

うん。あとはなんていうか。言い方は悪いんだけど、ダメ元？　みたいな感じ。この最上級の奇跡に、まあできれば、って感じで、ちょっとしたオマケを乗っける。そうすれば、生の虚しさを超えて、「よい」人生の探求に踏みだすことができそう。そしてダメ元なら、世界の内側の不条理なんて、いくらでも超えていけそう。自分自身のよさに殉じて生きていけそうだよ。

（？？？）それはよかった。まあもちろん、それでもキミたちがいずれ死にゆく存在であることは揺るがない。最後はゼロ、っていう虚しさがなくなるわけでもない。でも最後がゼロだってことが、いま・ここを無価値にするわけでもないどころか、むしろいま・ここにあることが、圧倒的な価値なんだ。

・　・　・

（？？？）その辺については、ホリウチも異論なかったんだよね？

そうだねぇ。多分、ここのところでは、わたしと堀内先生は重なってたと思うんだ。

（？？？）じゃあ、二人の最初の分かれ道はどこだったかな？

決定的じゃないにしても、「愛するということ」では、結構対立してたように思うよ。

（？？？）ああそうだった。彼の性的嗜好《しこう》にキミがドン引きした日だ。

あはははは。そこまでじゃないし、それが分かれ目ってわけでもないよ。

（？？？）ジャン＝リュック・ナンシーの本は、とても美しかった。本の装丁もだけど、中身はさらに。

うん。子どもといっしょに哲学してたってこともあると思うんだよね。子どもたちの問いに真摯に開かれてあろうっていう、ナンシー先輩の人柄なのかも。

（？？？）実際キミは彼の、人を愛するということはその人の唯一性にとらわれることなのだ、って話を、いたく気に入ってた。

だって、やっぱりそうあってほしいじゃない？　わたしが持ってるお金とか、地位とか、そんなものを好きでわたしとお付き合いしたいなんて人がいたら、やっぱりちょっとお断りしたいです。

（？？？）　それでも二人の話を聞いてて思ったのは、キミだって、容姿を好きだって言われること自体は、嬉しがることもあるじゃん？　ってことだったんだけど。

んー、そこんとこは、実を言うとほんと微妙。あなたの存在をそれ自体として好き、なんて言われるのは、特にテツガク大好きなわたしとしてはすごくビビッとくるわけだけど、そのあとで「顔は好みじゃないんだけどね」なんて言われるのはやっぱりショックだし（苦笑）。

（？？？）　そのあたり、ホリウチの言うことにも一面の真実があったんじゃないの？

あー、哲学的のっぺらぼうなんて、愛せないよ、って話ね。あれって要するに、属性を愛するっていうのは、別に卑下することじゃない、みたいなことでしょ？

（？？？）　そうそう。存在そのものを、なんて話は確かにロマンティックで美しいんだけど、明晰《めいせき》さに欠けるってことはあるよね。存在そのものなんてものがあるとして、それっていったいどんな姿形なのさ、って、極めて健康で真っ当な疑問だと思うよ。ここを誤魔化したら、哲学なんてできない。

うー、でもさでもさ、結局繰り返しになっちゃうけど、単なる属性の束を愛してるなんてことも言えないでしょうよ。ロボットに、それをロボットとして、って意味だけど、愛してるって言える？

（？？？）それはなんとも。まあとにかく、この点は、キミとホリウチがはじめて経験した分かり合えなさだったね。素晴らしい。

なんであのときは、決定的に決裂しなかったんだろ？

（？？？）それはまあ、キミたちの問題は「愛しているというとき、それはその対象の何に対する感情なのか」って話だったわけで、「愛するということ」が一つの重要な価値であるということは共有していたってことじゃないかな。

あ、そうそう！　それはある！　愛が価値あるものだってことは、このときの話では共有してたと思う。だから、属性を愛するのか存在を愛するのかはともかく、「愛するということ」それ自体は重要だって、わたしも先生も思ったし、だから、その「愛するということ」が修練を要求する技術とか能力であるって話も、受け入れることができた気がする。

（？？？）受け入れるっていうか。むしろ積極的にそうそう！　って感じだったよね。そこが一致したからこそ、「キミは本当に本当のドリアンくんを愛しているの？」とか、

「結局それって自分でつくり上げたドリアンくんを愛してるっていう意味で、ナルシシズムなんじゃないの？」みたいな、ボクから見るとすんごくドギツい、怒って席を立ったっておかしくないような問いかけも、キミは受け止めることができた。

そう言われれば、確かに随分失礼な問いだ（笑）。でも、本当の相手をそれとして愛しているか、つねに吟味しましょうって話は、そのことを言ってる人にも当然降りかかってくる話だし。痛み分けってやつ？

（？？？）　ははは。

・
・
・

（？？？）　そこいくと、「自由になるということ」は痛快だったね。

いま思えば、わたしと堀内先生の重なりって意味では、あそこが一番だった気がするな。わたしはわたしで、自由とか自律とかって、すごく好きな言葉だし……。

（？？？）　彼もそうなんじゃない？　専門は批判理論とかなんとかいうやつで、自律っていうのがすごく重要な鍵概念なんです、みたいなこと言ってたし。アドルノって人がどうとか。

よく覚えてるね？　あのときは、わたしなんか自立と自律の区別もつかなかった。

（？？？）　ホリウチはどう説明してたっけ？

自立は他者の助けを借りずに、自分の力で何かを為すこと、他方で自律は、自分自身の立てたルールに則って自分自身をコントロールすること、だったはず。確か。

（？？？）　ブラボー！　なんだ。ちゃんとキミの中に定着してるんじゃないか、あの哲学対話は。

それはそうだよ。あんなに時間をかけていろいろな話をしたんだから。それなりに盛り上がることもあったしね。

（？？？）　そう。その、それなりに話が盛り上がったのは、価値を共有してるってこともそうだけど、ホリウチの話の工夫も見逃せないと思うな。

工夫？

（？？？）　彼は、キミの実感が込められた小さな言葉の一つひとつを、とてもよく見ていた。あ、聞いていたって方が正しいか。例えば、キミがルフィを「子どもっぽい」って表現したことを、目ざとく掬《すく》い上げた。だから話は、実質的に、子どもと自由っていう二つのテーマで進んでた。

た、確かに。子どもは不自由じゃない？　みたいな問いかけがあって、じゃあどんな要素が加われば子どもは自由になれるの？　って話だった。

（？？？）　そうそう。そっから、ホッブズとかカントとかいろいろと膨らんでいって……。

あとで聞いたんだけど、堀内先生自身は、ホッブズ先輩の哲学というか、人間観は結構好きなんだって。

（？？？）　というと？

ホッブズ先輩のいう人間って、なんていうか、それそのものの性質として、自由な運動体？　みたいなものらしいの。

（？？？）　縛られてなければ、自由にというか無秩序にというかは知らないけど、勝手に動き回ろうとする、みたいな話だね。原子みたいな。

そうそう。そして、その本質的に動き回ろうとするものをとりまとめるのが、社会の持ってる規範性らしいのね。そして堀内先生は、その社会が持ってる規範性っていうか、人を縛る力をいかに批判するかってことが、学問の出発点でもあったみたい。

（？？？）　なんだ。キミも似たようなもんじゃないか。

それはほんとそうだと思う。もっと言えば、それって多分、現実の生活に置き換えると、物理的に何かに縛られてるっていうよりは、「空気を読む」みたいな、自分で自分を縛ってるみたいなところがあって、それがすごく変な感じがするわけで。

（？？？）　ふむふむ。それこそ社会の規範性って話だね。服従は自発的なわけだ。そうなのかも。その規範性の外にでるにはどうすればいいか、みたいな。そして、哲学こそが、そこを踏み越えるために重要なものなんじゃないかなって。

（？？？）　そうだね。そこを踏み越えようとする気概の部分が、キミが自分をライオンだって形容したことの理由でもある。

そうそう。そうなの。「汝なすべし」とか言われると「何で？」って思っちゃう、ていうか口にでちゃう自分は、ニーチェ先輩の言い方で言えばライオンだって、すごくぴったりはまった。

（？？？）　そう。でもボクがおもしろいと思ったのは、その後の話かな。

子ども、って話？

（？？？）　そうそう。キミは自由の象徴としてのルフィを「子どもっぽい」と言った。ポジティブな意味でね。でも、哲学対話の中で、いったんは子どもは否定されたわけだよ。子どもは感性的存在者だってね。

物が呼び起こす自分の欲望に縛られた存在だってことね。

（？？？）　素晴らしいね。説明できるようになってるじゃないか。

で、むしろその欲望に抗して、自律できることが、すなわち自由だって話になった。

ついでにそこには、それすなわち道徳的なんだっていう価値まで、ついてきたわけだ。

　そうそう。あ、分かった。アナタが言いたいのは、にもかかわらず、最後にもう一度、子どもがポジティブなものとして浮かび上がったってこと？

(？？？)　その通り！　キミがあそこで、自由と道徳をもう一度ばらばらにしたこと、その延長線上には、カント的な自律＝道徳図式が、あらゆるものからの従属を斥《しりぞ》けるものだっていう通常の理解がひっくり返される可能性が、開けている。カントの道徳論は、すべての従属の拒否と言いながら、実は道徳法則への従属に過ぎないっていう話。キミはそのとば口に立っていたわけだよ。

　哲学なんて知らないとか言っといて、なんでそんなザ・哲学みたいな話できるわけ？

(？？？)　まあまあ。そこはご愛敬《あいきょう》。

　要するにボクが言いたいのは、あのときのキミは、確実に、ホリウチに導かれていたってことだね。

　ううう。

(？？？)　キミは、子ども＝自由という率直な実感を、ホリウチの力を借りながら、確かに深めていったんだ。それは、言葉としては、実はニーチェのカント批判という哲学的な深みと繋がっていたわけだ。でもキミは、そのことに気づいていなかった。だから彼は、敢えてその逆のことを、突きつけたんだよ。「常識的に考えて、子どもは不自由でしょ?」って。そのことをぐって、もう一度、自分自身が口にしたことの哲学的意味に、キミは返ってきた。やっぱり子どもは自由だ、ってね。でもそれは、最初に口にしたときとは、重みがまったく違っていると思うよ。

わたしって、お釈迦《しやか》様の掌の上の孫悟空みたいな感じ?

(???) 言い得て妙、ってやつだ。

・　・　・

え、だとしたら、「正義《ただ》しいということ」のときの堀内先生も、そうだったのかな?

(???) そう、っていうと?

だから、なんというか、わたしの思考を深めさせよう、導こうって。

(???) 一応哲学の講義なんだから、そりゃそうさ。

まあそうなんだけど、なんというか、堀内先生は、敢えて「正義《ただ》しいということ」で、必ずしも自分の意見ではないような種類の哲学をわたしにぶつけて、わたしに考えさせようとした、みたいな。

（？？？）　ああ、その可能性はあるね。個々人の生を超えて存在する正義について、あんなに強硬に弁護するのは、彼本来の思想的立場からするとちょっと不自然だと思う。少なくとも彼の言い方だと、批判理論っていうのは、単純にそういう意味での正義を礼賛するような思想じゃない。

　やっぱり。

（？？？）　実際、キミもそんなこと言ってたよね？　ホリウチは、前に言ったことと違うこと言ってるって。

うん。言った。堀内先生はいままで、何かを問うことっていうのをずっとわたしに奨めてきた。本当に底の底まで問うべきだって言った。知を持っている者ではなく、知に恋い焦がれ、それを求めている者が哲学者と呼ぶに相応しいって。だから、問い続けるべきだって。なのに……。

（？？？）　なのに？

　正義についてだけは、逆らっちゃいけない、みたいな。

（？？？）　それはちょっと違うんじゃないかな。彼はそんなこと言ってないと思うよ。

　どうして？

（？？？）　普遍的な正義の名の下に跪《ひざまず》け、みたいな話じゃないと思う。ただ彼は、キミが、自分自身の考えに殉じるってことにあまりにも固執しはじめてることを、感じ取ったんじゃないかな。

…………。

(???)ある意味で、実存主義っていうのは、最強の思想だと思うんだよ。まさに「無敵の人」の思想だ。こうあるべき、っていう、外からのいろいろな本質規定、それはもちろん哲学も含むんだけど、そんなものをすべて吹っ飛ばす。女性としての、アイドルとしての、人間としての本質、それはキミの自然なあり方であり、そこから逸脱することは不自然なことだと、本質を語る広義の哲学は言うかもしれない。それに対して、実存主義のキミは言うんだ、「わたしは、女性である前に、アイドルである前に、人間である前に、わたしだ‼」って。

それの何がいけないの?

(???)いけないってことはないさ。でも、同じ仕方で、身に触れるすべてのものを吹っ飛ばして生きるってのもいただけないな。そんなことでは、キミ自身は古いままで凝り固まっていく。

…………。

(???)キミは、ファンの前で常々言ってたろ?わたしはどんどん変わっていく。

変わっていくことを恐れないって。キミは実際、変わりたいんじゃなかったの？

　もちろん、キミの周りのいろんなものが、キミをつまらない大人に変えていくことの危険性は、ボクも理解するよ。周りからの圧力によって、自分が鋳型にはめられていくことについての、キミの恐怖も。

　ただ問題は、そのことが、キミを小さく凝り固まったものにしていないかってことなんだ。変わることを恐れないって言ったキミが、変えられることを恐れるあまりに、小さく凝り固まっていく。

…………。

（？？？）でもさ、それはそれとして、哲学ってものを、もっと信頼してもいいんじゃない？　あの正義論だって、実存主義によって小さくまとまってしまったキミを打ち壊して、もっと別様のキミへと導くための、きっかけだったかもしれないじゃない？

　ボクは具体的にはよく分かんないけどさ、キミは、ソクラテスとともに、プラトンとともに、ミルとともに、ハイデガーとともに、ナンシーとともに、フロムとともに、ホッブズとともに、カントとともに、アリストテレスとともに、ロールズとともに、そしてホリウチとともに在りつつ、しかし同時に、彼らに抗して、自分自身で、考える必要があるんじゃないかな。**哲学は、自分自身の問いを問うことだという意味では、とても**

孤独だ。でも、孤独な戦いということにおいて、みんな先輩であり、同志だ。

＃なんつって

愚鈍化の罠

――………………。

……モー……。

――…………？

……モ――……。

――……ウシ？

……ノモー!!!

――……えーと。

……オイ、例の星の人、開けろー!!

――!? 須藤さん！　何やってるんですか？　ウシの真似ですか？　役づくりとか？

「たのもー！」って言ったんです！　ていうかウシの役なんて、嫌ですよそんなの。お断りです！

――いや、まあ……。ともかく、どうしたんですか？　そんなに息を切らして。

だって今日は、堀内先生の哲学講義の日じゃないですか！

――いや……、確かにそうですが、須藤さんは先々週以来ずっと来ないから、もうやめてしまったのかと……。

わたしの将来の夢は哲学者ですよ⁉　まだその第一歩なのに、やめるわけないじゃないですか！

――そうですか。まあ……。

しかし困りました。もう須藤さんは来ないと思っていたので、講義の準備はしていません。どうしましょうか……。

いいです。それより今日は、これを堀内先生に読んでもらいます。

――なんですか？「哲学の孤独」？　すごい、手書きでびっしり！

わたし、いろいろ考えたんです。前回の講義のあと。

わたしは、わたし自身の信念みたいなものとして、わたし自身の考えるよさに殉じて生きていきたいと思っています。だから、普遍的な正義を押し付けられるのは嫌です。

でも、自分自身に殉じようとするあまり、自分自身を小さく小さくまとめてしまうのも、同じくらい嫌です。

——…………。

哲学って多分、前に、講義じゃないとき、ちょっと堀内先生がつぶやいてたみたいに、**とっても孤独なもの**だと思います。**自分自身の人生の途上で生じた、究極的には自分で立ち向かうしかない自分自身の問いを、考えること**です。それは、自分しかできません。代わりに誰かにやってもらうことができません。自分の代わりに誰かに、「わたしの死」を死んでもらうことができないように。

哲学と孤独は切っても切れない仲。ドイツの哲学者マックス・シュティルナー先輩は「孤独は、知恵の最善の乳母である」という格言を残している。基本的に、哲学者はマゾだと思う！（リ）

——ええ。

でもだからといって、偉大な哲学者たちの問いを知ることが、無意味ってわけじゃない。

——はい。

もちろん、彼らの答えだけを安直に受け売りするのは、とってもつまらないことです。それは、哲学の孤独に耐えて言葉を紡いだ人たちの宝物をかすめ取って、自分を飾ることでしかないからです。

——……それが悪いこととかは、分かりませんよ？

もちろんです。そんな表層的な哲学愛好家たちが、哲学という営みを支えてきたことも事実だと思います。ただ、わたし自身の問いを問いたいわたしにとって、それは意味がないことなんです。堀内先生がわたしにさせようとしていたことは、そんなことじゃないでしょう？

——そうです。偉大な哲学者の答えを有り難がれ、ということではもちろんありません。そうではなくて……。

一つは、孤独に耐えて哲学する先輩哲学者たちの姿勢を、わたしに伝えたかった。

——はい。でもそれは多分、須藤さんには必要なかったでしょう。あなたはもともと、自分自身の問いを問う覚悟があった。

もう一つは、答えというよりは、自分自身の問いそのものを発見する、それかもっと言えば、発明するというその筋道を、理解させたかった、ううん、体験させたかった。

——そうです。哲学の訓練を受けていない人でも、哲学的な問いを発することはあります。しかし、その問いを、それ自体のポテンシャルに見合う形で深めていくには、たくさんの知識や思考の技術のようなものが必要です。それを得るには、やっぱり、さっき須藤さんが言ったような害悪に陥る危険性はそれなりにあるとしても、他人の、しかし本物の哲学を追体験するのがよいと思います。

いまはわたしもそう思います。そして、堀内先生が、そこまで見越して、いろいろな工夫や仕掛けをしてくれていたことも。

――……………。

わたしなりにそのことを考えて、自分なりの考えを書いてみました。自分自身を振り返って、自分自身に問いかけた、哲学対話です。読んでください。そしてまた、哲学を教えてください。

・　・　・

――あまり整理された話にはならないと思いますが、少しお話ししていいですか？

須藤さんがわたしのオフィスに来なくなった後、そのことを一人の悪友に話しました。とても風変わりな男です。

風変わり？

――ええ。彼は、教育学者です。しかしその割に彼は、教育というものをあまり信頼していない。とても風変わりだ。もちろん全否定ではないのですが。彼によれば、教えるということは、しばしば、教えられる者を愚鈍化することによって成り立っている、というのです。

……。

——そして彼はわたしに言うのです。「キミは、知らず知らずのうちに、須藤さんの自分自身で考えようという意志を挫《くじ》いて、愚鈍化させようとしたのではないか」と。彼女はそのことをするどく見抜いて、野生の勘みたいなもので、反発したんじゃないか？　と。

……。

——須藤さん、**ジャック・ランシエール**という哲学者の、『無知な教師』という本を知っていますか？

いいえ。知らないです。その人も、本のことも。

——わたしも、その友人に薦《すす》められるまではほとんど知りませんでしたが、おもしろい本でした。ランシエールはフランスの哲学者なのですが、彼はこの本で、一九世紀の教育者ジョゼフ・ジャコトが教育の現場で経験したことをとり上げ、哲学的に読み解いています。

映画が大好きで、フランスの映画批評誌『カイエ・デュ・シネマ』に連載を持っていた。『民衆の国への小旅行』という哲学小説も執筆している。東京大学で講演をしたことも。行きたかった！　（リ）

曰く、教育学は、不当にも、人びとを知者と愚者に分けてしまう。しかし人びとが実際に知者と愚者に分かれるというのは、教育学のいわば神話なのであって、実際には、教師こそが、教育こそが、教育学こそが、人びとを愚か者に仕立て上げるのだ、と。

えーとそれは、技量のない教師が、子どもたちに間違った知識を与えてしまう、とか、教育が実は権力者に都合のいいように人びとを騙す洗脳なのだ、とか、そういうことですか？

——いえ、まったく違います。ジャコトとランシエールが想定する教師たちは、むしろ博識で教養もあって、かつ善意なのです。本当に心から、学び手に知性を授けたいと願い、真摯に努力している。

なら、どうして？

——その自らの仕事の価値と必然性を信じるがゆえに、ですよ。彼らは、子どもや若者たちが、自分で自分の理性を用いることができるということを、信頼できない。もし彼らが自分自身で理性を用いることができるのなら、教師の仕事は、全部とはいわずとも、ほとんどなくなってしまいますからね。

えーと、本来なら自分で考えることができる子どもや若者たちを、敢えて、そうではないものと見立てて、そうなるように仕向けていく、みたいな？

——そういうことです。実際に愚かな者と優れた者がいるから、後者が前者を教え導くのだと、教師や教育学者たちは考えています。しかし本当は、まず、世界には教育を必要としている愚か者が存在しているのだという物語が先に在って、その物語に則ったまなざしと行為が、愚か者を創りだしていくというわけです。

……………。

——自分自身の知性を用い得る者たちに対して、わざわざ彼らのその意志を挫き、受動的な存在に仕立て上げ、そこに知識を注ぎ込むことをもって、「やっぱりそうだ、彼らは愚か者だったのであり、わたしたちが知識を注ぎ込んだからこそ、知者になったのだ」と語るのが教育と教育学なのだ、ということですね。

随分突拍子もない話ですね？

——ええ。常識的に考えれば。しかしランシエールは、その根拠として、ジャコトが体験した事実に訴えます。

どういう事実ですか？

——ジャコトは、ベルギーのルーヴェン大学でフランス文学の講師をしていました。しかし彼はそこで話されていたオランダ語を話すことができない。他方で、一九歳かそこらの学生たちも、フランス語を解しませんでした。彼らには、共通の言語がなかったのです。

ほうほう。

――そこでジャコトは、やぶれかぶれだったんですかね、当時ブリュッセルで流行《はや》っていた『テレマックの冒険』という本の、フランス語原文とオランダ語の対訳が載っている版を、学生たちに配って読ませました。

特に解説とかもなく？

――フランス語の綴《つづ》りや活用を教えるだとか、いわゆる教育らしい教育はほとんどしなかったようです。しかし実際には、学生たちはいつのまにか、フランス語で文章を書くことすらできるようになりました。

えー！　すごい。本を与えられただけで勝手に学んでしまったんですか？

――そうなんです。そこからジャコトは、またランシエールも、さっきのインスピレーションを受け取ります。つまり、教師は、あるいは教育とは、学習者を賢くしようとして、かえって自分で自分の理性を用いる能力を萎えさせてしまっているのではないか、愚鈍化してしまっているのではないか、ということです。

ほへー。じゃあ何もしない方が、人はよく学ぶってことですか？

――いや、そうではないでしょう。ランシエールは、学習者が自分自身の道の上に自分自身を留めておく強さ――意志の強さですね――を持たないとき、教師が必要だと言います。

はい。

――しかしそのことは、非知者は知者の知性に従属しなければならないということを意味しません。むしろ、すべきではないでしょう。学習者の知性は、ここでは『テレマックの冒険』というモノの内にある知にのみ学べばいいのであって、教師と知を同一視しそれに従属する必要はない、ということなわけです。

………………。

――わたしもまた、当初から、ある意味でそうありたいとは思っていました。須藤さんには、人類の遺産としての哲学を紹介するだけで、あとは須藤さんの学ぼうとする意志を挑発するのが自分の仕事だと、思っていました。

いや、実際、堀内先生はそういう風に振る舞ってくれてたと思います。

――もしそうだったのであれば、わたしにとってはよい知らせです。しかし他方で、いま思えば、少なくとも前回の講義では、単なる紹介者兼挑発者であることを超えて、説明し、説得し、屈服させようとしていた側面を、完全に否定することはできないとも思いました。

そんな……。

――わたしは、勢い余って、教師であろうとし過ぎたんでしょうね。あるいは、自分自身、愛知者でありたいと思っていたにもかかわらず、知者として、哲学初心者である須藤さんに「正義の哲学」を注入しようとしていたのだと思います。

でも、わたし自身も、実存主義に凝り固まろうとしていたって未熟さはありました。悪い意味での居直りに走ろうとしていた。堀内先生は、それに待ったをかけるために、固まりかけたわたしのカラをもう一度壊すために、敢えて、自分の思想的立場を脇に置いて、わたしに正義論を伝えようとした。

――随分善意に解釈してもらったものです。ありがとうございます。

……先生、ずるいです。そうやってしおらしくすることで、問題から逃げようとしてる。先生は、自分の中にほんのちょっと目覚めた、知者としての自分に怖さを感じて、逃げようとしている。

――………。

先生は、なんでも恐れず問うことが重要だと口では言いながら、実際には、自分が培ってきた膨大な哲学の知識を他者に伝える過程で、相手も自分も、自分自身の問いを問うことを忘れた、ただ哲学の知識をアクセサリーのように有り難がる人にしてしまいそうで、嫌なんです。だって教えるってことは、その人が自分で問うことをやめさせるって側面を含むから。

——…………。

要するに怖いんですよ。教え育てる立場になることが！　教師になることが！「大人」になることが！　自分自身が、そうやって教えられて、自分で考えることをやめさせられるのが、誰より嫌なもんだから。

——…………。

誓います。わたしは、わたし自身の問いを問うことを諦めません。堀内先生が繰りだす哲学知識の洪水に呑み込まれて、自分で考えることをやめたりしません！　だから、哲学を教えてください！

深淵

——……ふう。強情ですねぇ（笑）。仕方ありません。

やった！

――ただ、さっきも言った通り、今日は本当に何も用意していないのですよ。そもそもどんなテーマでやるんですか？

ずばり！「大人になるということ」です！

――!?　はっはっは。おもしろいですね。ある意味、まさにさっきからわたしたちが話していることだ。ほとんど論点は出尽くしているような気もしますけどね。

ある意味ではそうかもしれません。だけど、もうちょっと自分自身の輪郭をはっきりさせておきたいんです。わたし自身の問いというか、漠然とした危機感の。

――危機感？

わたしの中で、声がするんです。

――どんな？

「大人になんかなるな！」って声です。

――ふーむ。それってどういう意味なんでしょう？

わたしが思うに、大人になるってことは、既存のものの考え方や感じ方、行動の仕方みたいなものを受け入れるっていうか、馴染《なじ》ん

大人になんかなりたくない、「実存主義者」になりたい。『風の谷のナウシカ』のヒロイン、ナウシカこそ実存主義者だと思う。つくられたシステムで生きるのではなく、選び取って生きているから。　（リ）

でいくってことです。既存の価値観を自分の中に受け入れ、それに沿って生きていくってこと。もちろん、それはそれですごく重要だし、わたし自身そうやって生きていることを否定できません。

――はい。そうですね。

でもそうやって生きていると、ときどき不安になります。だって、世界には、本当に不思議なことが溢《あふ》れているからです。

なんでわたしは生まれてきたんだろう？
人を好きになるってなんだろう？
自由になるってどういうことだろう？
正しいとか善いってなんだろう？
わたしにとっては、なんだかんだでとても大切な、宝石のような問いです。

――それは素晴らしい。

でも、そういうことをじっくり考えるのを、ましてやそれに殉じて生きていくってことを、それこそ大人は、あんまりいい顔しないんですよ。むしろ、忌み嫌ってる。口では、考えることはいいことだ、とか言うけど、ほんとに子どもが物事を考えだしたら、多分あの人たちは困るんでしょうね。

――ははは。確かにそういえば、あれだけ「最近の若者は自分自身で考えることをしていない、意見の一つも言えない」なんて嘆いていた大人たちが、デモやなんかやって政治について声を上げはじめた若者を、やたらと貶めたりしていますね。

政治についてもそうなのかもしれないですけど、それだけじゃなくて、要するにそもそも大人って、本当の意味で子どもが、若者が、考え、声を上げるってことを真剣に受け止める気が、最初からないんだと思うんです。

――なぜでしょう？

怖いんじゃないかな。

大人になる過程で、それこそ「大人になる」って言い方で、誤魔化した自分自身に復讐されることが。誤魔化したことを思いだしてしまうことが。

そして、**大人になるってことが、自分をうまく誤魔化せるようになるってこと、誤魔化したということすら忘れてしまうということなら、わたしは、大人になんかなりたくない。**断固拒否です。

――ふむ。なるほど。

そして、なぜか分からないですけど、そんな意味で大人にならないことと、哲学をするっていうことが、わたしの中では重なってるんです。

――いや、その重なりのイメージは、わたしにはよく分かります。

そうだ須藤さん、この本読んだことありますか？

永井均さん？『〈子ども〉のための哲学』？

――もう二〇年くらい前のものですが、わたしが好きな本の一つです。……好き、というのはちょっと違いますかね……なんと言うんでしょう……。

？？

――わたしが哲学を語ろうとする度に、わたしの心にやってきて、わたしをするどく突き刺す感じです。そこに欺瞞《ぎまん》はないか？　って。

はあ。

――まあわたしの感傷はいいです。言いたいのはつまり、永井さんという人は、須藤さんがおぼろげながら摑んでいるその子ども＝哲学者っていうところを、とてもクリアに語っているってことなんです。

曰く、子どもは、誰でも哲学をしている。なぜなら、彼らは自分が知らないということを知っていて、それをまっすぐに問うことができるから。世界や自分が存在していること。世の中の仕組み。過去とは何か、未来とは何か。宇宙の果て。時間のはじまり。


読んだ、おもしろかった！　はじめの方に「世の中で問題として扱われていない自分だけの問題を、問題として考え続けることは有意義だ」ということが書いてあって、背中を押された気がした。　（リ）

善と悪。生きることと死ぬこと。

まさにそれです！　そう。子どもは、世の中が不思議に満ちていることを知ってる。だから、とても素直に、そのことについて考え、大人に質問するんです。

――そうですね。そんな子どもの哲学の特徴について、永井さんは、「純粋に知的であること」と表現しています。例えば、須藤さんが例にだしてくれた詩「I was born」なんかは、まさにそんな話ですね。もちろん、須藤さん的な解釈込みで。

はい。そうなんです。あの子は純粋に「I was born」という表現が受身形だってことに気づき、またそれが、わたしたちの生が受身形ではじまるってこととぴったり重なってるってことを、純粋に知的な発見としてつぶやいたんだと思うんです。

――でも、彼のお父さんには――お父さんも分かっていたのかもしれませんが――それが、自分の妻、彼のお母さんへの呪詛《じゅそ》のように聞こえた。だから、母の苦しみを改めて説くことで応えた、というのが、須藤さんの解釈でしたね。

そうなんです。あの子は、本当に純粋に知的だった。でも、彼のお父さんは、つまり大人は、それを不道徳な倍音とともにしか聞くことができない。あのお父さんはまだいいけど、中には、同じことを言われたら、猛烈に怒る人だっているかもしれない。わたしにとっての大人ってそういうものなんです。

――わたしも、ある意味では同感です。そして永井さんは、大人になることとは、そんな純粋に知的な問いを問うことをしない人になること、本当は世の中は不思議に溢れているにもかかわらず、そのことに慣れてしまって、忘れてしまうことだと言います。

そんな人にとっては、子どもの問いは、時間の無駄、意味の分からないたわごとでしかないでしょうね。

――まあそうですね。でも、わたしたちだって、ある意味ではそんな感覚を共有しているはずです。そうしないと生きていけませんから。

だとしたら、わたしやっぱり大人になりたくありません。

――気持ちは分かります（苦笑）。でも別に、単に身体的に歳をとるということが、子どもの哲学を不可能にするわけでもないですよ。実際、多くの哲学者は、歳をとりつつも、子どもの問いを忘れなかった人たちなんですから。永井さんも含めて。

須藤さんにしても、それは同じでしょう。

そうだったら、とても素敵だとは思います。

――ただ他方で、須藤さん自身の哲学の意味を、もうちょっと正確に知っておいた方がいいかもしれませんね。須藤さんは、確かに大人になることを拒否しているけれど、そのことが即、子どもの哲学をしているということにはならない。

どういうことですか？

――永井さんは、哲学を四つの種類に分けます。一つは子どもの哲学で、さっき話したようなものです。それとは別に大人の哲学というのがあります。世の中の仕組み、社会の仕組みをどうすればよいか、ということに関心を向ける哲学です。

あ、ロールズ先輩の正義論なんかはまさにですね。

――そうですね。その意味では、須藤さんがロールズの正義論を拒否したことは、大人の哲学の拒否であったということもできるでしょう。

また老人の哲学というものもあります。死とは何か、無とは何か、です。意外に、須藤さんにはこのあたりの哲学の適性もあるかもしれない。

あはは。

――問題は、存在についての純粋に知的な探究である子どもの哲学と、世界を俯瞰《ふかん》しながら世の中の仕組みを考えようとする――まあ須藤さん的な言い方をすれば、他者に押し付けて説得しようとする――大人の哲学の間にあるもの、すなわち、青年の哲学です。

青年の哲学？

――そう。永井さんによれば、この青年の哲学の関心は、「いかに生きるべきか」にあります。この哲学は、現実を超えた価値を希求し、そこから自分の生を価値づけようとします。

　あ、多分、わたしにはそれもあります。うん、ある。わたしはいかに生きるべきか。それは、この現実の中の道徳にしたがうことじゃないと、わたしは思ってます。多分。

――ええ。ちなみに、わたしは永井さんほどこの哲学は嫌いじゃないのです。大人の哲学についても同様ですが。要するに、わたしと永井さんは、哲学的な意味で違う人種というか、違う世界に棲《す》んでいるんでしょう。

　ふーん。そうなんだ。

――わたしの見立てで言うと、須藤さんは、子どもの哲学と青年の哲学を行ったり来たりしている感じです。須藤さんはしばしば、本当に純粋に、カラリと、問いを口にします。純粋に知りたい、という問いです。その背後には何もない。その限りでは、子どもの哲学です。

　はい。

――しかし同時に、須藤さんには、自分がこの世でいかに生きていくべきかを考えるという能動的で意志的な部分もあります。もしかすると、その傾向は徐々に強まってきているのかもしれません。

　うーん。

——要するに須藤さんは、子どもの哲学をある意味では脱して、青年の哲学の段階にあるのかもしれないってことです。

それはダメなことなんですか？

——さっきも言ったように、わたしは永井さんのようにそれがダメだとは思いません。そもそも、子ども、青年、大人、老人の哲学のどれが自分自身の問いになるかということは、それこそ個人的というか、偶然的な問題だとも思っています。他人にとやかく言われることじゃない——ま、自戒を込めて言っていますが。

ただ、ある意味で永井さんに同意するのは、青年の哲学というのが、大人の哲学に対する対抗運動の一つであるということなんです。それは、ニーチェの言葉で言えば、**ニヒリズム**です。

この世界における人間の存在には本質的な価値なんてない、と主張する哲学的な立場。ニーチェ先輩はそれを前向きに考え、受け入れる「積極的ニヒリズム」という生き方を奨めた。（リ）

この世に価値はない、という考え方ですか？

——そうですね。この大人の（哲学）世界には、本当の価値はない。自分自身がいかに生きるべきかを定める価値は、もっと別のところに在るはずだ。そのように、「『ここ』には価値がない」と叫ぶ意味で、青年の哲学はニヒリズムなわけですね。

そうすると、何がダメなんですか？

――ダメというか、それもその人の立場によるのでしょうが、青年の哲学は、大人の哲学への対抗運動であり、ある意味では哲学を一つの手段にしているということがあります。

手段？　哲学が？

――はい。子どもの問いは、知ること自体が、つまり哲学すること自体が目的です。しかし青年の哲学は、大人の哲学に対抗するために、哲学を利用するのです。大人の（哲学）世界を打ち破るための原理を、子どもの哲学の遺産を使って「捏造《ねつぞう》」しようと、まあちょっと言い方が悪いですね……、「創造」しようとするのが青年の哲学なのです。

あ、そうか。それって哲学を手段にしているという意味では、大人の哲学と大差ない……。

――まさにその通り。

深淵……。

――…………。

怪物と戦う者は、そのためおのれ自身も怪物とならぬよう気をつけるがよい。お前が永いあいだ深淵をのぞきこんでいれば、深淵もまたお前をのぞきこむ。

――ニーチェの『善悪の彼岸』一四六節。

――…………。

――そうです。いま須藤さんは、まだ、子どもの哲学の周辺にいる。少なくともまだそれに触れることができる。だから、あるいは、「よき生」とは、という青年の哲学の問いでさえ、まだ、子どもの哲学として、つまり、まったく純粋に知的に、ただ知りたいという意味で問うこともできるかもしれない。

――…………。

――でも他方で、須藤さんは、青年であることも否定できないでしょう。大人に対する抵抗運動としての哲学という側面は、今後、だんだん強くなっていくでしょう。あなたは、純粋に知りたいから問うのではなく、大人と戦う根拠としての哲学を欲するようになる。あなたのように、大人たちの世界に同世代の人よりも早く、どっぷりとつかっているならなおさらね。

――…………。

――わたしのような間違った大人が、無理やり大人の哲学を注ぎ込むまでもなくね。

私の好きなニーチェ先輩の著作の1つ。響きがカッコいいのですぐに覚えた。ちなみに遊戯王カードに同じ名前のものがある。でもモチーフはダンテ先輩の『神曲』っていうカオスさ！　（リ）

――そこから、須藤さん自身が忌み嫌う大人に、あなた自身が成り代わるまでは、それほど遠くないでしょう。別にそのことは、客観的に見ていいとか悪いとかの話じゃない。須藤さん自身が、それをどう思うか、ということです。

哲学の勇気

……嫌だなぁ先生。

――…………。

またそうやって悪役をきどるんですか？

――…………。

堀内先生が、前回、敢えて大人の哲学である正義論をわたしに伝えようとした理由。その理由が、いまやっと明晰に分かりました。

――…………。

敢えて大人の哲学をぶつける。そして当然わたしは反発する。堀内先生は多分、そこまで読んでた。そしてその先を見ていた。

――…………。

読んでて敢えてやった。それは、わたしの中のその反発心を敢えて呼び起こすことで、その反発心もまた、その延長線上においては、大人の哲学と繋がってるってことを気づかせたかったんです。深淵を見せることで、怪物になること、そのことを敢えて煽《あお》りつつ、しかしその中で、わたしが自分で、自分自身もまた怪物になろうとしている存在だってことを自覚することに、賭けたんです。

――……賭けはうまくいったんですかね。

さあ。どうでしょう。でも、堀内先生は、わたしの答えを分かってるんでしょ？

――はて。

またそうやって、わたしの答えを先取りして待ってる。

――……さあてね。はは。で、どうなんですか？

……ふむ。ホリウチくん。では、キミには、この言葉をあげよう。これだ。ここのところ、読んでみたまえ。

> 啓蒙《けいもう》とは人間が自ら招いた未成年状態から抜け出ることである。未成年状態とは、

他人の指導なしには自分の悟性を用いる能力がないことである。この未成年状態の原因が悟性の欠如にではなく、他人の指導がなくとも自分の悟性を用いる決意と勇気の欠如にあるなら、未成年状態の責任は本人にある。したがって啓蒙の標語は、「あえて賢くあれ！ Sapere aude!」「自分自身の悟性を用いる勇気を持て！」である。

（出典：イマニュエル・カント　福田喜一郎ほか訳　2000「啓蒙とは何か」『カント全集〈14〉歴史哲学論集』岩波書店）

――ふふ。**カントが考えた啓蒙についての**、とても有名なフレーズです。さて須藤先生、ご講義お願いします。

うむ。任されよ。

この文章は、『ベルリン月報』という雑誌に、一七八四年にカント先輩が発表した論文の冒頭です。テーマは、「啓蒙とは何か」でした。

――はい。

「啓蒙」っていう言葉は、わたしたちは少なくとも日常生活では使いません。ですがま

カント先輩が解釈する「啓蒙」は、従来の「啓蒙」の解釈と違って押し付けなくて、かつ上から目線でない。そういうところが好き(*´>ω<)　(リ)

あ、意味としては、「無知蒙昧《もうまい》な人、知識のない人に、正しい知識を与える」、そうやって「教え導く」みたいな意味と理解しているのではないでしょうか。

——そうですね。そんな感じだと思います。

しかし、カント先輩は違うんです。

まずカント先輩は、啓蒙を「自ら招いた未成年状態から抜け出ること」と定義します。それはつまり、他人に指導されないと、自分自身の悟性を用いる能力のない状態のことです。悟性は、難しい言い方になってますが、要は知性、考える力のことです。

——須藤先生！ なぜ人は、自分自身の悟性を用いる能力のない状態になってしまうのですか？

いい質問です。それはつまり、その方が「楽」だからです。自分で何かを考え、決め、声を上げ、行動に移すのは、とても大変なことです。時間も労力もかかる上に、他人から批判されたり、傷つけられたりすることもあります。

——はい。

だから人は、しばしば、そんなことになるくらいなら、誰かほかの人に、自分の代わりに考えてもらうことを望みます。朝起きてから、夜寝るまで、何をするにしても、ただ指示にしたがえばいい。そうすることは、実は結構、それなりに、自分を幸せにしてくれるだろうから。

——…………。

　人生には、もちろん、そんな時期も必要でしょう。〇歳の赤ちゃんに、全部自分で決めなさいなんて、ナンセンスです。そこは周りの大人たちが、その子のためを思っていろいろとやってくれるってことが大事だってことは、変わりません。

——…………。

　でも、それでもわたしたちは、いずれ、自分自身で考えるということをはじめなければならない。カント先輩は、それは自然が人間に命令したこと、なんて言いますが、それはともかく、少なくともわたしは、こんな意味で成熟することを諦めたくありません。

——ふむ。

　そして啓蒙の話に戻ると、啓蒙の問題とは、持っている知識の量ではないんです。知識をたくさん持っているから、啓蒙されているということではない。

——はい。

　もちろん、常識的に考えて、知識は必要です。知識が人を変える可能性を、否定しているわけじゃない。でもそれは、知識を持っているだろうという人に、自分のことをすべて任せて指図してもらうってことを意味しない。

啓蒙とは、未成年状態から抜け出るってことは、自分自身の考える力を用いようと決意し、そのための勇気を行使することなのです。

——素晴らしい。

えへへ。頑張りました。

・　・　・

——で、そうすると、どういう意味でさっきの問いの答えになるんですか。

そんなに大層なことじゃありません。要は、人生のいつの時期においても、わたしは、わたしたちは、勇気を持って問い続けなければならない、ってことです。

——ふむ。

一つは、わたしたちの身の周りにある常識とか、いまなら、大人が、他者が、社会が、わたしに要求してくるいろんなこと、その一つひとつに対峙《たいじ》し、どこまでを受け入れ、どこからを受け入れるべきでないか、もっと別のやり方はないのか、問い、考え続ける勇気です。

——そうですね。

でももう一方で、わたしには別の敵がいます。わたし自身です。わたしは、わたし自身の予想ですけど、多分いずれ、青年、そして大人になっていくと思います。自分の哲学という意味においてです。いまは抵抗としての青年の哲学が目の前に開けています。自分自身の価値を、大人に抗して見つけだそうとする哲学です。

しかし、わたしがもし青年の哲学に成功したとしたら、まさにその成功ゆえに、それを人びとに伝えたいと願うと思います。特に、若い人たちに。そうして、わたしの青年の哲学は、大人の哲学、要するに、人と社会をうまく御するための、支配や統治の哲学になっていくのかもしれません。

そして多分、その先には、老人の哲学が待っていると思います。自分の死を意識せざるを得ないとき、そのことについて、子どものときのように、でも、子どものときとは違う圧倒的なリアリティの中で、もう一度考えることになると思います。

――そうかもしれませんね。

でも未来のわたしは、そんなわたし自身にも抗《あらが》うんです。「あなたの問いは、本当にそれでいいの？」「あなたの哲学が、もっと自由である余地はないの？」って。つまり、わたしは、自分自身で考えるんです。自分自身とともに、自分自身に抗して。

――自分自身とともに、自分自身に抗して、自分自身で考える。

そうです。大人の哲学の渦中にあって、ときに子どものように考える。老人でありながら、青年のように考える。そんなことがあっても、いいんじゃないですか？　だって哲学は、そもそもわたしにとって、哲学すること自体が自由であると同時に、わたし自身が自由になるためのものなんですから。

――あはは。それが答えなんですね。哲学は、それ自体目的でもあり、手段でもある。どちらであってもいいし、ある意味でどちらでもない。自由だ、と。それが哲学だ、と。

うん。そうですね。あっていい。そして可能だと思います。うふふ。でも多分、こんな風に考えたのは、わたしだけじゃないんじゃないかな。根拠はないんですけど、偉大な哲学の先輩たちも、多分近いことを考えてたんじゃないかと思うんです。自分自身を、自由に、そして誠実に問うってことなしに、あんな素晴らしい哲学を生きることは、できないと思う。

――はい。

……まあ、わたしにそんなすごいことができるかは、分かんないってのが正直なところですけどね。

――そのときは……。

はい？

――先輩たちのことを思い出せばいい。先輩たちの「答え」ではなくて、先輩たちの哲学する姿そのものをです。彼らの哲学は、わたしたちを触発し、駆り立て、わたしたちに哲学させようと、待ち構えています。

あはは。本当に迷惑な人たちですよね。

――ほんとに（笑）。わたしもあなたもね……。

つぶやき×無邪気
～妖怪枕返しの逆襲～

「早く大人になりたい」が、私の口癖だった。でもそれは、「大人になんかなりたくない」と口にだした瞬間、もう大人の側に立ってしまう、という直感的な恐怖の裏返しでもあった。

私は大人になるのが怖かった。

年齢を重ねていくこと、心身ともに成長していくことに対して抵抗したいわけでは毛頭ないのに、「大人になる」という言葉に対しては反射的に身構えてしまう。なぜだろう。

NMB48では、一八歳以上のメンバーを「大人メンバー」と呼ぶことがある。NMB48がツイッターをはじめた当初、公式ツイッターができるのは、その「大人メンバー」だけだった。検閲なしで、全世界に情報を発信できる、全世界に情報が発信されてしまうツイッターでは、言って良いことと悪いことを自分で判断できて、節度あることが求められた。私は当時一八歳だった。そして、哲学者を志していた。

私は全世界に向けて処女宣言した。
次が、問題の二つのツイートだ。

操り人形になるのは嫌。
扱い辛い爆弾で結構。
大人や権力に背を向けてでも
私は私のことを私として接してくれるみんなの方を向いていていたい。
そして、みんなと自分に正直でいたい。
最後の最後まで味方してくれるあなたへ。

#なんつって

「正直者がバカを見ない世の中になってほしいな。」というツイートに対して、

バカを見たって枕ぽんと言われたって正直でいますぜ。

一生懸命、美しい嘘で塗り固めて生きたってどうせ死ぬんだから。

経験はありません。処女です。

当然、ニュースになってしまった。

私がこのようなツイートをしたのは、アンチのみなさんに反論するためだった。NMB48のセンターに選んで頂いたことで、私に対するアンチコメントが格段に増えた。それ自体は充分覚悟していたし、受け止められた。でも、日に日にその内容が見過ごせなくなった。私が枕営業をしてセンターになった、というでっち上げを、ネットで広められていたのだ。それも粘着的に。普段は貧乳貧乳と言うくせに、突然の峰不二子ばりの扱い。むしろ過大評価だが、ムカついた。我慢できなくなった。我慢しなければならない意味が分からなくなった。だから私は、大人でいることをやめた。

私は嘘を嘘だと言った。そして本当のことを言った。それだけなのだ。

この一件は物議を醸した。

ただただ率直なこの発言は、多種多様な解釈を受けた。その中でも、私の発言、または今回反論したことに対して、「子どもっぽい」と言う人がいた。では逆に問いたい。その人の「大人っぽい」とは何なのか、と。

私のツイートの裏返しが「大人っぽい」のだとしたら、空気を読んで率直なことを言わないということなのか。だとしたら私は大人でなくていい。むしろ大人になんかなりたくない。

私だってこのツイートを猛烈に反省したのだ。いまだってしている。「感情的、あまりに感情的」なこのツイートをした後で、みんなに合わせる顔がない、そう思った。でも、メンバーや友達、家族、ファンの方から、励ましの連絡がたくさん来て、私にはこんなにも味方がいてくれたのだなあと幸せに思った。堀内先生に「パレーシア、上出来」と言われたときは、泣きそうになった。結果的に、みんなに心配をかけてしまったのだが、スルースキルのある私を好きになってほしくない、というのもわがままだが、本当のことだ。

私は、「最近の若者は」とか「若気の至り」とかいう言葉が大嫌いだから、大人になっても「最近の若者は」とぜったいに言わないと誓っている。「若気の至り」と振り返って自分が思うようなことをしないようにしているし、過去の自分に思ったことはない。過去の自分を恥ずかしいと思うより、過去の自分に恥ずかしくないように。私は意地っ張りだから、自分で立てたこれらの誓いをきっと遂行するだろう。

私はすごく成長したと思う。まだまだ大人の女にはほど遠いけれど、憧れのかたせ梨乃さんには到底及ばないけれど、心身ともに大きくなったと感じる。でも、不思議とずっと変わらないようにも思う。

むしろ『裸の王様』にでてくる、「なんで王様は裸なの？」と言った子どもこそ、大人なのではないか。勇気を持って本当のことを言うこと、パレーシアこそが、大人になるということなのではないか。

私のことを「子どもっぽい」と言う人びとに対して、「私は子どもです」と貧相な胸を張って言いたい。
大人であるために。

用語解説

[第一章]

ソクラテス（B.C.469～399）

ギリシャの哲学者。自身の無知を自覚するソクラテスは、自身を最も智恵ある者と言う神託との齟齬《そご》に悩み、知者の評判高い人びととの対話を重ねることでその意味を吟味した。その帰結である「無知の知」（自分は、自分自身が善なることと美なることの何も知らないということを知っているという点において、ほかの人よりも賢いという意）は、あまりにも有名。しかし彼の活動は、当時のアテナイの人びとに政治的に危険だと判断されることとなり、捕えられ死刑となった。彼は著作を残さなかったため、人びととの問答は主に弟子のプラトンらが対話篇として編纂《へんさん》している。

プラトン（B.C.427～347）

ギリシャの哲学者。我々が住まう現実世界とは別の場所に、真実在の世界としてのイデア界が存在し、この現実世界はイデア界の影に過ぎないと唱えた。人間がイデアの世界（特に善のイデア）に到達することを重視し、善美の事柄を知るすぐれた人間である哲学者こそが、政治的な指導者になるべきだと主張した。後進の育成にも力を入れており、アリストテレスらを輩出している。

『クリトン』

プラトンが記した初期の対話篇。アテナイの裁判で死刑判決を受けたソクラテスと（註：『ソクラテスの弁明』の項も参照せよ）、彼を牢獄《ろうごく》から逃亡させようとした友人のクリトンとの対話。ソクラテスはほかでもないアテナイで生きることを選び、その中でアテナイの都市国家との合意によって幸福な生活を送り、それゆえ国家の不正を糾《ただ》すことも厭《いと》わなかった。これは、国家の処分としての不正と自らの潔白を訴え続けた、かの裁判についても一貫している。このため、牢獄からの逃亡によって自らと国家に不正を重ねることは許されないとして、ソクラテスはクリトンの誘いを拒否した。

『ソクラテスの弁明』

プラトンが記した初期の対話篇。この作品はアテナイの告発者に対するソクラテスの反論が主となっている。ソクラテスに対する告発は主に、青年を腐敗に導いたことと、国家の神を信じないことの2点に向けられていた。これに対して、ソクラテスはむしろ大衆こそが青年の善導に無関心であり、自分の営みが神託を受けた国家への最上の奉仕であると反論する。結局、ソクラテスには死刑判決が下され、判決に対する彼の応答で作品は締め括られている。これらの弁明を通じて、ソクラテスは「魂」に配慮し、善く生きることを説き続けている。

「死に至る病」

絶望の意。イエス・キリストが、病気で死んだ友人ラザロを蘇生《そせい》させた際に「この病は死に至らず」と述べたことに由来する（新約聖書『ヨハネによる福音書』第11章4節）。同名の書物をキルケゴールが偽名で1894年に出版している。キルケゴールは同書において、絶望が単に自己の喪失にとどまらず、自己と神との関係の喪失をも意味するため、絶望は人間の罪であると主張した。

「哲学病」

中島義道の語（註：「中島義道」の項も参照せよ）。哲学、すなわち人間やこの世界に対する根源的な疑問に取り組むことは多くの場合、人間を不幸にする。なぜなら、人間には死という避けられない理不尽が待ち受けているからだ。それにもかかわらず、哲学することから逃げられない状態のことを中島は「哲学病」と呼んでいる。

J・S・ミル（1806〜1873）

イギリスの哲学者、経済学者。当初は支持していたベンサムの功利主義に対して、のちに懐疑的な立場をとるようになる（註：「最大多数の最大幸福」の項も参照せよ）。ベンサムは数量的な快楽について議論したが、ミルは快楽にも質的な違いがあり、低次の肉体的快楽より高次の精神的快楽が優先されると主張した。この主張は「満足な豚であるより、不満足な人間である方が良い」という言葉に要約されている。

「最大多数の最大幸福」

功利主義の祖とされるジェレミー・ベンサム（1748〜1832）が有名にした語。彼は快楽は強さや持続性などによって数量化できるとし、より多くの人間により多くの快楽がもたらされることによって、はじめて法や道徳が正当なものとして認められると主張した。ベンサムは個人の平等を説く18世紀イギリスの自由主義的政治改革に力を注いでおり、彼の思想はこのような運動にも大きな影響力を持った。

「I was born」

吉野弘（１９２６〜２０１４）の詩集『消息』に収録された散文詩。父と散歩をしていた子が、通りかかった妊婦を見たことをきっかけに、「生まれる」という言葉が受身形であることの意味に気づく。子の話を聞いた父は、体内に無数の卵を詰めながら短い期間で生涯を終えるカゲロウ、そして子を産んで間もなく亡くなった母のことを子に伝える。同詩は「ほっそりした母の　胸の方まで　息苦しくふさいでいた白い僕の肉体」と締め括られている。

中島義道（１９４６〜）

日本の哲学者。主にカント哲学に関する多くの著作を上梓している。「戦う哲学者」と呼ばれることもあるが、社会的な問題よりも、社会の誰にも理解されない自分にとってだけの問題を論ずることに主眼があり、そのような先人としてのカントやニーチェの哲学を読み解いている。

ハイデガー（1889〜1976）

ドイツの哲学者。デカルト以降の近代哲学が多くの場合、人間の認識論を主題としてきたのに対して、ハイデガーはデカルト以前には重要なテーマだった存在論を再度、哲学の主題に据え直そうと目論《もくろ》む。人間は存在することそのものについて考えるという点で動植物とは異なっており、それゆえ死という不可避の事態を自覚しながら生きなければならないという。日常に埋没することで死から目を背けることも可能だが、それは人間が死へ向かう存在であることを放棄することにほかならない。過去、現在から死までの全体を意識して生きることを要求する彼の主張はナチスと親和的とも批判されたが、後期にはその主張も変化したと考えられている。

実存主義

古来、哲学が探究してきた普遍的、客観的な真理ではなく、自分にとっての真理を探究する生のあり方＝実存を重視する哲学上の立場のこと。キルケゴールがその祖とされているが、生に対する神や宗教の立場を重視する有神論的実存主義（キルケゴール、ヤスパースら）や神を否定する無神論的実存主義（ニーチェ、ハイデガー、サルトル）など、いくつかの細かい立場にも分けることができる。

「はーやーい」

AKB48のチーム4岩立沙穂とファンのお約束の掛け合い中に岩立が言うセリフ。

[第二章]

「ドリアン少年」

2015年7月15日に発売されたNMB48の12枚目のシングル。自分にとって理想の恋人を周囲の人びとに否定されながらも慕い続ける女の子が主人公。須藤凜々花は本作ではじめてセンターを務めた。


ジャン＝リュック・ナンシー（1940〜）

フランスの哲学者。共同経験、共同体に関する著作を多く発表している。近代は共同体を解体すると同時に、個人や主体を確立すると考えられてきた。しかし、ナンシーによれば、個人にとって最も固有なものであるはずの「死」さえ、当人だけの営みや経験としては語り得ない以上、むしろ近代的な個人や主体と目されているものが、いかに共同体として可能になっているのかを問うべきだという。

『恋愛について』

ナンシーの講演録。フランス・モントルイユ国立演劇センターで定期的に開かれている、子どものための「小さな講演会」の企画の一つとして実施された。「あなたのことが好き。少しだけ、とっても、情熱的に、狂おしいほど、ぜんぜん」という花占いのフレーズをモチーフに、あらゆる「尺度を超越した絶対的な次元」の経験としての愛について、講演や質疑応答が行われた。

『機動戦士ガンダム』

1979年に放映開始された日本のアニメ作品。人類が地球連邦政府のもとに統一されたのち、多くの人間は環境が悪化した地球を逃れて宇宙進出を果たした。ところが、その中の一部の人間が、宇宙環境で革新された人間「ニュータイプ」の出現を提唱し、宇宙進出を果たした人類を統治していた地球連邦政府に反旗を翻《ひるがえ》す。独立を求めたジオン軍は機動兵器「モビルスーツ（MS）」を開発投入して地球侵略を目論むが、地球連邦軍は鹵獲《ろかく》したモビルスーツを分析したのち、「ガンダム」ほかの兵器を開発してジオン軍に立ち向かう。連邦軍の一員としてガンダムに搭乗した主人公アムロ・レイと、ジオン軍の青年士官として地球侵略にあたったシャア・アズナブルの対決は、ジオン軍女性士官ララァ・スンを巻き込んだニュータイプ同士の争いという側面も有しており、さらにシャア自身がジオン軍に対して抱いていた復讐の計画などもあって、複雑な争いが繰り広げられることとなる。ところで、アムロが搭乗するMS(型式番号RX-78-2:通称「ガンダム」)は、地球連邦軍の新兵器開発計画(通称「V作戦」)に基づき試作された……(以下略)。

東浩紀(1971〜)

日本の思想家。フランス現代思想を専門とする研究者だったが、近年は大学の教授職などを退き、自ら経営する企業で刊行している雑誌のほか様々な媒体にて、批評活動を展開している。物語とデータベース(『動物化するポストモダン』)、人間的公共性と動物的公共性(『一般意志2・0』)など二元論的な思想を基軸としており、特にそれぞれ後者のような人間の理性によっては捉えきれない領域が、現代やこれからの社会において有する意義について繰り返し論じている。

『動物化するポストモダン』

２００１年に出版された東浩紀の著書。いわゆるオタク文化を題材としながら、現代社会、ポストモダン社会における消費の変容について論じている。彼によれば、１９８０年代までの消費は作品や製品の世界観に依拠した形で行われていた。そして、消費の背後にある世界観は、社会の政治的な統合が困難になる中で、かつて人びとに共有されていた「大きな物語」の代替物の役割を果たしていた。しかし、社会のポストモダン化がさらに進むと、「大きな物語」の代替物としての消費の世界観さえ不要とされるようになっていく。それは例えばオタク文化における二次創作に端的に表れているという。二次創作を楽しむ人びとは作品の世界観からキャラクターなどを切り離し、個人的な解釈を通じて次々と新たな、かつ小さい世界観を自律させていく。東はこの現象を「大きな物語」の完全な喪失、ポストモダン化の徹底として読み解いている。

『ｈｅｒ／世界でひとつの彼女』

スパイク・ジョーンズ監督・脚本による２０１３年公開のアメリカ合衆国のＳＦ恋愛映画。妻と別れた代筆ライターが、人格を持つ最新の人工知能型ＯＳに恋をする物語。

ホアキン・フェニックス（1974〜）
アメリカ合衆国の俳優。『her／世界でひとつの彼女』では主人公の代筆ライター、セオドア・トゥオンブリーを演じる。

スカーレット・ヨハンソン（1984〜）
アメリカ合衆国の俳優。『her／世界でひとつの彼女』では、主人公が恋する人工知能型OSとして、声のみの出演となった。

エーリッヒ・フロム（1900〜1980）
ドイツの哲学者、社会心理学者。フロイトの精神分析に学びながら、アドルノやホルクハイマーといったフランクフルト学派と共同研究を行い、人間の精神やその矛盾が社会とどう結びついているのかを探究し続けた。特に人間の自由や孤独はフロムの重要なテーマであり、孤独への対処のあり方の一つとして権威主義があることや、それがファシズムへの追従を生んでしまったことなどを明らかにしている。

『愛するということ』

1956年に出版されたフロムの著書。"The Art of Loving" の原題の通り、愛するための技術について論じている。人は根源的に孤立を恐れており、愛はその孤立から逃れるための一つの重要な営みである。しかし、多くの人は自分がどうしたら愛されるか、どうしたら自分が愛せる対象を見出すことができるかということばかり考えていて、自分がどうしたら愛することができるのかという愛の本質的な問題を見失っているという。フロムは愛が能動的な経験であり、それを可能にするためには信念や勇気が必要であることを本書で論じている。

[第三章]

「哲人王」

ギリシャの哲学者プラトン（註：第一章「プラトン」の項も参照せよ）が『国家』で論じた概念。善（のイデア）を知る人間こそが政治的な指導者として最も相応しく、そのためには善を知悉《ちしつ》する哲学者を政治的指導者に据える必要があると彼は主張した。哲人王の統治は貴族制や寡頭制、民主制などあらゆる支配形態に優先すると考えられていたが、後期の著作である『政治家』などでは、『国家』とは異なる評価を下しているという解釈もある。

『ONE PIECE』

日本の少年漫画。主人公ルフィが仲間とともに海賊王を目指す物語。かつて海賊王ゴールド・ロジャーが世界政府に処刑されたのち、彼が残したとされる「ひとつなぎの大秘宝（ワンピース）」をめぐって海賊たちが争いを繰り広げる大航海時代が到来した。ルフィはワンピースを目指して航海を続けながら、旅先で出会った人びとが苦しむのを見て、彼ら彼女らを苦しめる海軍や海賊などと闘っていく。

トマス・ホッブズ（1588〜1679）

イングランドの哲学者。イングランドで市民革命と王政への反動が繰り返される時代にあって、政治的な安定のためには国家の絶対的な権力が必要であると主張した（註：『リヴァイアサン』の項も参照せよ）。王政と親和的なイングランド国教会の洗礼を受けたこともあり、政治的には保守層として理解される一方で、数学や物理学など当時急激に発展していた科学にも造詣が深く、それらを援用しながら人間の本性についてはかなり平等主義的な考えを抱いていた。それゆえ、後続の政治哲学にも強い影響を与えながら、その評価は大きく分かれるものとなっている。

『リヴァイアサン』

1651年に出版されたトマス・ホッブズの著書。ホッブズによれば、自然状態の人間は私利私欲をめぐって争いを繰り広げる（註：「万人の万人に対する闘争」の項も参照せよ）。しかし、私利私欲を追い求める人間には、欲求を一切否定してしまう死に対する強い恐怖を抱くという共通点がある。それゆえ、国家の絶対的な権力とそれに基づく恐怖は、人びとが互いに自らの生存（と欲求）を持続させることを可能にすると彼は主張した。このような絶対権力の擁護は、市民権の拡大を構想する論者との緊張状態をもたらしたが、一方では王権神授説のように絶対権力の根拠を神のような超越的な存在に求めることなく、本質的には平等な能力を持つ人間同士の契約と捉えることで、のちの社会契約論に大きな影響を与えた。

「万人の万人に対する闘争」

トマス・ホッブズが用いた概念（註：『リヴァイアサン』の項も参照せよ）。ホッブズによれば、人間が政治体を一切組織しなかった場合（＝自然状態）、人間は本質的に利己的な存在であり、しかも生身の人間同士の能力はほとんど差がないため、自分の利益を追い求める万人が互いに闘争を繰り広げることになるという。「自然状態」という想定そのものはフィクションだが、人間の本性が利己的であるか否か、人間に能力的不平等がないかどうか、などの点をめぐって後続の議論を巻き起こした。

イマニュエル・カント（1724〜1804）

ドイツの哲学者。「三批判」（註：『純粋理性批判』『実践理性批判』『判断力批判』の3つ。『実践理性批判』の項も参照せよ）と呼ばれる書物を著し、近代哲学における認識論に大きく貢献した。人間の認識に関するカント以前の議論は大きく2つに分かれていた。1つは、知識が人間の経験を通じてつくられると考えるイギリス経験論（ベーコンなど）、もう1つは、人間には生得的な認識や知識の枠組みが備わっていると考える大陸合理論（デカルトなど）である。カントは人間理性の限界を指摘し、認識可能な現象と認識不可能な物自体を区別することで哲学上の難題を乗り越えた。

『実践理性批判』

1788年に出版されたカントの著書。彼は前著の『純粋理性批判』で主に自然とそれを認識する人間との関係において理性（理論理性）の限界を示していたが、本書では同様の作業を人間の道徳（実践理性）に関して行っている。カントによれば、人間は道徳そのものや道徳の根拠を理解することはできないが、特定の行為をなすべきかどうかについての道徳的な判断をすることはできる。それは実践理性が生得的に人間に備わっているからだという。そして、自らの幸福といったほかの目的のためにではなく、実践理性にただしたがうことを目的として振る舞う限りにおいて、人間は自律的＝自由なのだとカントは主張した。

フリードリヒ・ニーチェ（1844〜1900）

ドイツの哲学者。古典文献学の研究者としてスタートしたが、古代ギリシャの文献を精読する当時の方法がキリスト教的価値観に縛られていることに嫌気が差し、それに対する反駁《はんばく》を繰り広げていく。救済という死後の世界への希望にかけるキリスト教道徳が、現世における弱者のルサンチマン（怨念）の上塗りでしかないと批判し、一見文明的な発展を続ける人間世界が、かねてより似たような理想や過ちを繰り返してきたこと（永劫回帰）、それゆえ、人間が自らの生を生きることを訴えた。

『ツァラトゥストラはこう言った』

1885年に出版されたニーチェの著書。「永劫回帰」「超人」などの重要なテーマについて論じられているが、いわゆる哲学書の形式は取っておらず、山中で修行を積んだツァラトゥストラが世俗世界に戻って、道徳などのテーマをめぐって人びとと議論を重ねる小説として描かれている。様々な領域において合理化の進む近代においては、人間が共通の目標、例えばキリスト教における神の王国やヘーゲルにおける人倫に向かって歩むということがあり得なくなっているとニーチェは考えた。そして、彼はそのことをむしろ積極的に受け入れる。彼の主張は個々人が既存の価値に縛られることなく、自らの生において自らの価値を掲げて（すなわち「超人」として）生きることを訴えるものだった。

［第四章］

スラマッパギー

インドネシア語における「おはよう」。「selamat 平和な」「pagi 朝」を合わせた語。あらゐけいいちによる漫画『日常』の登場人物である相生祐子《あいおいゆうこ》が挨拶として多用する。

ポストモダン（思想）

大まかに、モダニズム（近代主義）を批判する思想群を指す。論者によってその理解や主張は異なっているが、特に自律的な個人＝主体という近代における概念や擬制の限界を見出したことは重要な成果である（註：第二章「ジャン＝リュック・ナンシー」の項も参照せよ）。ほかにも合理主義の浸透による陥穽《かんせい》や、社会が将来的に発展していくと考える進歩史観の否定など近代をめぐる様々なテーマが議論されてきた。フランス現代思想を中心に議論が展開され、代表的な論者としてジャン＝フランソワ・リオタールが挙げられる。

『さまよう刃』

２００４年に単行本として出版された東野圭吾の小説。主人公長峰は自分の娘を殺した少年たちの一人を殺害し、犯罪者として警察に追われながらも、残りの少年への復讐に奔走する。殺人犯である少年をめぐる法制度やその矛盾、無力さが長峰、少年、警察など様々な立場から描かれている。

「目には目を」

紀元前18世紀にバビロニア王であったハンムラビが発布した法典（ハンムラビ法典）196条に記載されている。「歯には歯を」などとともに、被害と同一の加害を行うこと（同害報復）を定めているとしばしば説明されるが、この理解は必ずしも正しくない。要点は報復に際して受けた被害よりも大きな害を加えることを予防することにあった。

アリストテレス（B.C.384～322）

ギリシャの哲学者。プラトンが開催していたアカデメイアに学ぶ。師が唱えていたイデア論への懐疑から、人間の五感によって捉えられる範囲で現実の事物がどう成り立っているのかを明らかにする形而下学（自然学）と、そもそも事物が存在するとはどういうことなのかなどについて考察する形而上学とを区別した。彼はさらに学問領域をその役割や扱う問題によって整理したため、「諸学の父」とも呼ばれている。

『ニコマコス倫理学』

アリストテレスの倫理学講義などを、息子のニコマコスが編纂した書物。彼によれば、あらゆる人間は善を追求しているが、そのうちの最高の善は「幸福」である。そして、幸福であるためには人間は2つの卓越性を弁《わきま》えなければならないという。1つは「倫理的卓越性」であり、これは自らの行為に関する過剰と不足を避けることを習慣化させることによって可能になる。もう1つは、「知的卓越性」であり、これは人間に固有の性質である理性を十全に活用することで可能になる。ただし、両者は道徳的判断や思考という点で密接に結びついているとも考えられていた。また、アリストテレスはこれらの卓越性には、国家の役割が不可欠だとも考えていたが、その課題は『政治学』へと引き継がれている。

「無敵の人」（インターネットのスラング）

失うものがないために、罪を犯すことになんら抵抗のない人を指す言葉。2008年に2ちゃんねる管理人（当時）の西村博之が用いていたが、2012年から2013年にかけて生じた「黒子のバスケ脅迫事件」において再び注目を集めた。有罪判決を受けた人物は、公判の意見陳述に際して自らを「無敵の人」と呼び、自らが厳罰を受けることにさえなんら抵抗を覚えないこと、日本社会は自分のような人びとへの対策を真剣に考えるべきと述べている。

ジョン・ロールズ（1921〜2002）

アメリカの政治哲学者。それまで倫理学の主流となっていた功利主義に対して、正義の原理を民主主義の基本的な価値として据えることを主張した。この主張は『正義論』に展開されているが、その後、「自由」を基本的な原理として確保し、政治的なリベラリズムを掲げるロールズは、より「自由」の価値を徹底させようとするリバタリアニズム、人びとの共同体への帰属や結合を重視するコミュニタリアニズム、民主主義と資本主義の癒着の危うさを指摘する社会主義など、様々な立場から批判を受けた。

『正義論』

1971年に出版されたロールズの著書。ロールズによれば、近代以降、政治的に重要とされてきた功利主義は、各人にとっての善に基本的に差がないことや、それを最も大きな規模で実現するという「効率としての正義」観に依拠してきたという（註：第一章「最大多数の最大幸福」の項も参照せよ）。しかし、善に関する構想が必ずしも一致しない現代においては、むしろ個人の考える価値を最大限に尊重する「公正としての正義」の方が重要だとロールズは主張する。そして、彼は正義に必要な原理として、第一に自由原理、第二に機会均等原理、そして第三に格差原理（自由と競争によって生じる格差は最も不遇な人びとの生活を改善すべきものであること）を掲げた。

［第五章］

「#なんつって」

須藤凜々花がツイッターで使っているハッシュタグの1つ。出演したテレビ番組（『ダウンタウンDX』2015年8月13日放送分）において、須藤が怪談話を「霊が抜けたっつって」と締めたところに、松本人志が「なんつって」と発言を被せたことに由来する。


ジャック・ランシエール（1940〜）

フランスの哲学者。当初はアルチュセールに学んでいたが後に決別し、労働者の解放というマルクス主義における問題について、人間における知性の平等という観点から取り組むようになる。ランシエールによれば、政治的な平等とは達成すべき目標ではない。なぜなら、現存の社会の不平等こそが、本来能力において平等である人間を恣意的に序列化させたものに過ぎないからだ。彼は人間本来の平等を取り戻す契機が社会制度にはあり得ないこと、そしてその契機がいかにして可能なのかを政治や芸術をモチーフに論じている。

『無知な教師』

1987年に出版されたランシエールの著書。ランシエールによれば、ある事柄についてよく知っている者がそれを知らない者に説明する、という教育に関する常識的理解は誤っている。彼はそれを教えられる者に対する「愚鈍化」と呼び、そのような不平等を期待する我々の意に反して、あらゆる人間が知性において平等であることを主張する。それゆえ、教育において重要なのは人びとが自らの知性を行使するよう仕向けることであり、そのためには自らが知らないことについての教示を真摯に要求する「無知な教師」こそが教育者として最も相応しいのだという。

永井均（1951〜）

日本の哲学者。形而上学における難問「なぜ私は私なのか」について長らく取り組んでいる。他我問題＝「他我はいかに認識、経験できるのか」や、意識の実在を訴える心の哲学を批判的に検証し、〈私〉が言語によっては語り得ぬようなある奇跡的な経験であることを主張している。この問題に関連して、ヴィトゲンシュタインやニーチェに関する著作を数多く執筆している。

「怪物と戦う者は、そのためおのれ自身も怪物とならぬよう気をつけるがよい。お前が永いあいだ深淵をのぞきこんでいれば、深淵もまたお前をのぞきこむ」

ニーチェ『善悪の彼岸』における一節。ニーチェはそれまでの道徳哲学者が「善」と「悪」の二項対立的な図式に執着してきたこと、そしてそれがキリスト教道徳への無批判な態度を擁護するものになってしまっていたことを批判する。すなわち、深淵とそれをのぞく自らが合わせ鏡のごとく互いの関係に拘泥してしまっていることを、ニーチェはこの語によって示そうとしているのだ。「お前が永いあいだ深淵を～」の直前には「怪物と戦う者は、そのためおのれ自身も怪物とならぬよう気をつけるがよい」と記されている。ニーチェのキリスト教道徳に対する態度は、『道徳の系譜』におけるルサンチマンへの批判に引き継がれていく。

「啓蒙とは何か」

1784年に発表されたカントの論文。カントは人間が認識に必要な能力（悟性）を生得的に備えていると考えていたため（註：第三章「イマニュエル・カント」の項も参照せよ）、未成年状態であることを単に愚かさに求めるのではなく、むしろ自らの悟性を用いる決意や勇気の欠如が問題なのだと指摘した。ただし、カントもただ悟性を用いればよいと主張していたわけではない。あらゆる人びとを前にした学者として悟性を公的に使用する自由を通じて、はじめて未成年状態を脱することができる、すなわち啓蒙が可能になると彼は主張している。彼は啓蒙の標語を次のように述べている。「自分自身の悟性を用いる勇気を持て！」。

参考文献一覧（アルファベット順）　＊重複については割愛

1「生きるということ」

ベンサム・J、ミル・J・S 1979『世界の名著（49）ベンサム／J・S・ミル』（山下重一ほか訳）中央公論社
ハイデガー・M 1994『存在と時間〈上〉』（細谷貞雄訳）筑摩書房
岩田靖夫 2014『増補　ソクラテス』筑摩書房
古東哲明 2002『ハイデガー＝存在神秘の哲学』講談社
ミル・J・S 1971『自由論』（塩尻公明・木村健康訳）岩波書店
中島義道 2001『哲学の教科書』講談社
プラトン 1998『ソクラテスの弁明・クリトン』（三嶋輝夫・田中享英訳）講談社

2「愛するということ」

東浩紀 2001『動物化するポストモダン　オタクから見た日本社会』講談社
フロム・E 1991『愛するということ』（鈴木晶訳）紀伊國屋書店

ナンシー・J＝L 2009『恋愛について』（メランベルジェ眞紀訳）新評論

3「自由になるということ」

ホッブズ・T 1992『リヴァイアサン〈1〉』（水田洋訳）岩波書店
カント・I 1961『純粋理性批判 上』（篠田英雄訳）岩波書店
カント・I 1979『実践理性批判』（波多野精一ほか訳）岩波書店
ニーチェ・F 1967『ツァラトゥストラはこう言った 上』（氷上英廣訳）岩波書店

4「正義《ただ》しいということ」

アリストテレス 1971『ニコマコス倫理学〈上〉』（高田三郎訳）岩波書店
東野圭吾 2008『さまよう刃』角川書店
永井均 2009『道徳は復讐である ニーチェのルサンチマンの哲学』河出書房新社
ロールズ・J 2010『正義論〔改訂版〕』（川本隆史ほか訳）紀伊國屋書店

5「大人になるということ」

カント・I 2000『カント全集〈14〉歴史哲学論集』（福田喜一郎ほか訳）岩波書店
永井均 1996『〈子ども〉のための哲学』講談社
ニーチェ・F 1993『ニーチェ全集〈11〉善悪の彼岸　道徳の系譜』（信太正三訳）筑摩書房
ランシエール・J 2011『無知な教師』（梶田裕・堀容子訳）法政大学出版局

本音を言うということ

堀内進之介

そもそも昨今のアイドル文化には何の興味も関心もなかったから、ファンやアンチを見るにつけ、没入もある種の才能だと思わずにはいられなかった。そして幸か不幸かその才能を私は持ち合わせていないことを自覚した。お金を払ってチケットを手に入れて遠方から駆けつけて声援を送ったり、他愛もない説教をしたり、あるいはウェブ上で何かと絡んではケチをつける執着心は、いずれにしても途方もない「愛」である。それほど精力を傾けられるものがあるというのは、幸せ以上のことだろう。素直に羨ましい限りである。ファンやアンチの熱意は圧倒的なものだから、幻冬舎の社長である見城徹氏に言わせれば、あるいは私のようなニヒリストは「圧倒的な努力」が足りないということになるだろうか。

アイドルの方もそうした熱意に応えねばならないから、当然、圧倒的な努力を強いられるわけで、切磋琢磨《せっさたくま》とはいわないまでも、ファンやアンチとの間で何かしらの相乗効果はあるのだろう。しかしそれにしても、圧倒的な努力は多くの人には「希望の原理」

であるはずなのに、いまや「悲劇の誕生」を助長するもののように思われる。というのも、圧倒的な努力は成功への扉を開く鍵だといわれ、同時に「努力不足だった」と失敗を慰める言い訳にもなるものだから、その意味では、希望の原理であるはずなのだが、実のところ努力は成功の必要条件ではあり得ても、もはや十分条件ではないのである。つまり、成功した者から見れば努力はその一因であっても、努力が成功を約束するわけでは既にないのだ。成功や失敗と努力の関係はとっくに弛緩《しかん》しているのである。

努力が報われて成功するのではなく、成功して報われた我慢を努力というのだ、ということに本当はみな気づいているのではなかろうか。だから余計に、ある者は伸し上がるために義理人情を欠いてもコネからコネへと渡り歩き、またある者は成功談を熱心に聞き入っては不甲斐ない自分を鞭打つのだろう。

しかし、遥か昔に古代ギリシャの人びとが喝破したように、いつの世も結局は不条理なのだから、世の不条理を一生懸命見ないでおこうとするのは、悲劇の上塗りというものだ。アイドルだって同じことだ。可愛いから、若いから、努力したから、あるいは身売りしたからといって成功が約束されるわけでは決してない。そんなことは誰もが知っていると言いつつも、それを直視できる者は少ない。

世の不条理を前に、希望や救済や何らかの意味を人は求めてやまないが、その不条理を前に一歩も引かずに「自己の生を生き抜く」ために、圧倒的な努力をしようというのだから、本書の著者、須藤凜々花の心意気はやはり立派なものだ。「努力しても無駄だ」と幼稚に開き直る若人も、「努力は必ず報われる」と嘯《うそぶ》く老人も、彼女の前では取るに足らない。

一昨年の一〇月に彼女が見城氏に「人生についてどう考えているか」と意見を求めたのが、本書執筆のきっかけであると聞いた。一年半近く前のことだ。私がアサインされたのが昨年春のことだから、本書の企画が実際に動きだしてから半年以上が経ったことになる。その一年半の間の彼女との「密会」は、温泉で浴衣というわけではなかったが、優に一〇〇時間を超えるものになった。メールやメッセージのやり取りを含めれば、時間はもっと膨大なものになる。彼女の関心を丁寧に拾い、言葉を紡ぎ、知識を補って、その思いを表現させてやりたいという見城氏の意向によって、東京と大阪を彼女と私の双方が行き来することになった。過密なスケジュールの合間を縫っての調整であったから、朝早くから夕方遅くまでの仕事の後であったり、公演前の半日であったり、仕事の前後での講義は相当辛いものだったろう。しかし、そんな辛さを微塵《みじん》も感じさせずに真剣に取り組んできたから、彼女は、プロ意識の足りない「アイドル（偶像）」とは違うという話が、本書の関係者の間で幾度もあった。
しかしそうは言っても、誤解してもらっては困る。彼女を褒めちぎりたいわけでも、褒め殺したいわけでもないのだ。彼女の思想や姿勢は立派なものだが、知識不足や理解不足はもちろんあるし、迷いもあれば幼さも当然ある。一年ほど本格的に取り組んだからといって、育成ゲームのキャラクターのようにホイホイと成長するわけもなく、大上段に哲学を講じられるわけもないのである。そのことは何より誰より、須藤凜々花が一番よく分かっているはずだ。

だから本来なら、彼女に哲学を無理やり講じさせるようなことはすべきではないのだが、不条理は世の常であり、こうした境遇も彼女が自身で選んだものだ。それは致し方のないことなのだろう。であれば、せめてこう言わせてもらおう。勝手に偶像化しておいて、「この人を見よ」と指差しケチをつけるのはフェアではない、と。圧倒的な努力が足りないと批判するのは容易《たやす》いが、彼女が本書で主張しているのは、誰もが「自己の生を生き抜く」ことに懸命であってもらいたいということなのだから、あれやこれやと言う前に、その努力は何のためのものなのか再考してみるべきだろう。

本書の執筆に際しては、度々の密会の間中、彼女の美人過ぎるマネージャーが同席された。宮本智世さんと佐藤遥さん、そして幡谷幾子さんだ。仕事とはいえ、さして興味のない話に延々と付き合うのは大変だったろうと思う。気の毒にも思ったが、仕事の忙しさと人生の充実は、多くの場合、無関係だということがお三方に伝わったなら、この退屈さも無駄ではなかろう。どの道、世は不条理だから少々厚かましいくらいの方が、ちょうど良いのかもしれない。曰く、人生は短いようで長く、長いようで短い。お三方の充実を願ってやまない。

編集者の志摩俊太朗さんと伊東朋夏さんには、実におもしろい機会を頂いたことを感謝したい。こうした機会がなかったら、書斎で「Don't look back!」や「ニーチェ先輩」や「ドリアン少年」を聴くことはなかったろう。多忙の中、校閲を手伝ってくださった京都教育大学の神代健彦先生にも厚く御礼申し上げる。

最後に、須藤凜々花さんに。

圧倒的な努力をしていることは、もう充分に知っているので「頑張れ」では何も言ったことにならないし、声援や説教ではファンやアンチに及ばないし、とはいえ私には大したアドバイスなどできようもないから、伝えておきたいあれやこれやのすべての代わりに、やはりあなたには、あなたの好きなニーチェの言葉を贈っておきたい。

世界には、きみ以外には誰も歩むことのできない唯一の道がある。
その道はどこに行き着くのか、と問うてはならない。
ひたすら進め。

愛知するということ

須藤凜々花

「私は何のために勉強しているのだろう」

中学生の頃から、勉強を好きになる努力はしたつもりなのに、この疑問はずっとあった。テストの点数が取れるように、内申点により反映されるように、最も効率的な勉強の仕方を忠実に行えば行うほどに、この疑問は膨らんだ。だから、学年で一番になっても、勉強がますます嫌いになった。私の中に残ったのは、虚しさと退屈さだけだった。

数学の公式
すいへーりーべーぼくのふね
ここテストに出るからね

私はこれらがずっと嫌いだった。いわゆる「暗記」だ。暗記中心の勉強は、私たちから物事を自分で考える契機を奪い去ってしまう。「なぜ?」という疑問を抱く余地すら与えず、「あなたのためだから」と挙げ句の果てには、暗記の仕方まで暗記させるパターナリズム。

だから、中学校で試験的に行われていた「哲学」という授業に出会ったときは衝撃だった。内申書にまったく関係のない、答えもない、思考停止するときが一瞬もない学問。私にとって哲学の授業は、唯一、学ぶために学べる時間となった。それ以来、哲学は、私を惹きつけてやまない。

当初、私は勉強する意味、働く意味、生きる意味など、あらゆる意味を知りたくてたまらなかった。そしてその答えは、きっと深遠なる哲学の世界のどこかに存在していて、哲学を学べばいずれ分かるのではないかと思っていた。

いま思えば、当時の私は、知らず知らずのうちに受験に慣れて、すっかり受験脳になっていたのだと思う。ウソップ風に言えば、「何かを定義しないと進みだせない病」に罹《かか》っていたのかもしれない。

教科書には、このカオスな世の中を一言で定義する偉大な哲学者が溢れている。だから、「この先にはどんな答えが待っているのだろう?」とワクワクしながら、哲学という洞窟に足を踏み入れた。しかし、進んで少しも経たぬうちに大きな壁にぶち当たり、そこには次のように書かれていた。

考えざる者、来るべからず。

哲学は結局のところ、答えを何も教えてはくれなかった。哲学は意味を探す場所なんかじゃなかった。なぜなら、そんなものはもともとないからだ。

生きる意味はない、つまり、生きるために意味など必要ない、生きねばならないのだと分かったとき、私はとても嬉しくなった。救いがないことに救われた。そして、大事なのは自分で生きるということだと気がついた。

その後の怒濤《どとう》の日々の中での、「人生に意味はない。だからこそ好きなように生きようぜ」という私の一言が、本書が生まれるきっかけになった。何の狙いも、衒《てら》いもない、何気ない一言が大いに意味を持ってしまったわけだから、これほど嬉しく有り難いことはない。

この企画を通して、堀内進之介先生は私の生涯の師となった。本書を執筆する上で、多忙な中、累計数百時間もかけて講義をしてくださった。講義の内容は哲学史から社会学まで、基礎知識や専門用語を叩き込まれると同時に、アイドルと哲学の両立の仕方、あれやこれやとの戦い方まで多岐にわたった。堀内先生は、哲学はもちろん、すべての分野において私の師匠である。

須藤凜々花という哲学が、講義の度に私の中で形になっていく過程には、この上ない喜びを感じた。そして笑ってしまった。私の好きなものや、人や、歌が、すべて哲学に通じていると分かったからだ。どれだけ好きなんだよ。

モヤモヤとしていた私の哲学が形になり、一冊の本になるまで、たくさんの方々に支えて頂いた。見城先生、秋元先生、劔持さん、志摩さん、伊東さん、宮本さん、佐藤さん、幡谷さん、左近さん、打ち合わせの度にプリンを用意してくださった幻冬舎さん、深夜の恋愛妄想談義に付き合ってくれた女友達の松本、NMB48のメンバー、そして堀内先生、本当にありがとうございました。

最も感謝したい、感謝すべき人物がもう一人。私の母親に。

ママありがとう。いつでも私の意志を尊重してくれて、私の一番の味方でいてくれてありがとう。私の記憶の中で、「勉強しなさい」とママに言われたことは一度もないんだ。私がどんなに変なことをしていても、おもしろがって側《そば》で見守ってくれたよね。私が怪我をするような危ないことをしたら、本気で怒ってくれたよね。フルスイングのビンタ、最強に痛かった。

いつも自分のことは後回しでさ、私と弟の心配ばかりで、若くて可愛いママの顔にしわを増やしちゃってごめんね。ママに恩返ししたいのに、「親なんてどうでもいいから自分のために生きなさい」なんてずるいよ。本当にカッコよくて、可愛くて、宇宙一のママです。

母として、女として、姉として、妹として、娘として、プロ中のプロのファンとして、最悪のアンチとして、全部の顔。ママのすべてが大好きです。尊敬しています。ママは私と一人の人間として接してくれる。対等に、私の話を聞いてくれる。娘の私に相談してくれる。弱音を吐いてくれる。本当に嬉しい。

だから、私が哲学に興味を持ったのは、苦しい環境にいたからではないし、私が自律した自由な個人でありたいと思うのは、自由を束縛された家庭環境からの反動形成では決してない。それだけは伝えておきたい。私が私の意志で哲学者を目指せているのは、理解ある素晴らしい母親に育てられたから。ただそれだけ。

ママのおかげです。本当にありがとう。

あ、あと勉強の大嫌いな私の弟。忘れてた。ごめん。家に一人でいることが多いよね。寂しいときはこの本を読め。本を読めるように勉強しろ。あと、ママの手伝いをちゃんとしろよ。今度大阪から帰るときにご当地妖怪メダルあげるからね。

私の中にあったもの、それは「自律した自由な個人でありたい」ということ。そしてそれは、自己の生を生き抜くということ。これが本書で伝えたい私の哲学のすべてである。

この本は、決して売ることだけのためにつくった本じゃない。一方的に、消費されるだけなのは嫌だ。より多くの人に読んでもらって、考えるきっかけにしてもらいたかった。

だから、この本の真の成功は、こんな長ったらしいあとがきを最後まで読んでくださった、あなたの存在なしではあり得ない。

２０１５年11月23日　最強の味方とともに再びの決意

文庫版のための蛇足

堀内進之介

あるアイドルは病を得て志半ばで急死し、ある女優は自らの信念に従って事実上芸能界を引退するという。一方から他方を見れば、どちらも理解に苦しむに違いない。

「何でそこまでして続けたいの？」
「何でそこまでして辞めたいの？」

世の中は異なる価値観に溢れている。遠い世界の異なる文化のことではない。あなたのすぐ隣にいて普段は同じだと感じている人たちでさえ、異なる好みがあり、異なる考えがあり、異なる意見を持っている。そんな異なる価値観との出会いは、私たちを酷く不安にさせる。

移民の排斥やヘイトスピーチだけではなく、学校や職場でのいじめも日常の些細な違和感も、背後には異なることへの不安がある。「異なる」とは、一つではなく「複数ある」ということであり、したがって、それへの嫌悪は複数あることへの嫌悪でもある。中村雄二郎は『悪の哲学ノート』(岩波書店)でこう言っている。

「〈善〉はみな同じ顔をしているが、〈悪〉はみんな違った顔をしている。」

気軽に会えるアイドルたちが誰も彼も、みな判で押したように同じに見え、それが好ましく思えるなら、それは「複数=悪」を嫌うことの裏返しなのかもしれない。反対に、そうしたアイドルたちの同じような素振りに飽いて、異色の新人に期待するなら、悪の魅力にとり憑かれ始めているのかもしれない。

異なる=複数ある=悪であることは、さらに豊かであることでもある。本書『人生を危険にさらせ!』が読者の評価を得て、いままた文庫化にまでたどり着いたのは、清貧の思想に対して、複数あることの豊かさ、悪の魅力を気後れせずに示したからではないか。もちろん、全ての悪に魅力があり、評価できるのではない。複数あることを嫌い、みな同じ顔であることを求める悪もある。自ら〈善〉に成り替わろうとする悪は、少なくとも私たちが、そしてニーチェが魅了された悪ではない。

〈善〉に成り代わろうとする悪は、他と比べて自身の足りない所ばかりを見つけて妬み、誹り、それを埋め合わせて同じであろうともがく。他方、豊かさとしての悪は、自身と比べて他の卓越した所を敬い、尊び、それを認め合い異なることを言祝ぐ。比べるのは、同じになるためにではなく、異なっていることを認め合うためだ。孔子もこう言っている——君子は和して同ぜず、小人は同じて和せず——互いに異なるから協力し合うことができるのであって、みな同じであると協力し合うこともできない、と。

私たちは誰もみな違うのに、それをすっかり忘れていて、違うことを怖がってさえいる。後れを取って違ってしまわないように、体に鞭打って命を危険にさらす者も、信条に凝り固まってそれを自身の考えと履き違える者も、どこかで他者を、そして自分を忘れている。

本書の著者も無論例外ではない。ミイラ取りがミイラになり、実存主義者が腐臭を放ち、異色の新人が既定色にすっかり染まることなど珍しくも何ともない。だから、「自分とともに自分に抗して自分自身で考える」という本書の結論は、とても重たい課題であり、時に触れて立ち戻るべき指針なのだ。

本書は、全体を通して、願いは必ず叶うという熱狂的な理想主義とも、何をしても無駄だという冷めた現実主義とも距離を取り、むしろ冷めた理想主義と熱狂的な現実主義を提示しようとしている。つまり、複数あることの豊かさに怯まずに「然り」という勇気と、次々に覆いかぶさり努力を無に帰そうとする現実に臆さずに「否」という決意を提示している。拙い言葉で書かれたコラムの中には、こうした思いが溢れている。この思いは読者の多くに伝わり、文化の違いを越えて遠く中国のファンにも届き、「中国八騎」と称するファン達が中国語への翻訳を行い、中華圏での出版に向けた気運を高めていると聞く。

多くの人々に読まれるほど、著者にはその主張を体現する責務が増す、と私は思う。本書の第一の著者である須藤凜々花が、その際立った色彩を無難なものに変えてしまうとすれば、それは多くの読者の目に晒され、所有され、決めつけられることによる。しかし、その中で、彼女が読者と自分自身を眺め返すことができたなら、その「自由の受難」は、彼女を鍛え、励まし、流転させる力となるだろう。文庫化によって、彼女が、そして読者がさらなる力を得んことを願う。

大人りりぽんのスーパーボーナス後日談

須藤凜々花

節目節目に読み直すたび、本書が良い本過ぎて笑う。

最近だと成人式の夜に読んだなあ。

あ！　りりぽん、おかげさまでついに二十歳になりました！　どうも、合法の女です！　成人の日、神田明神（毎年ここでAKBグループの成人式が行われる）から帰宅して、真っ先に本書の最終章をめくって、凹んだ〜。どれだけ大人になりたくないんだよ。でも、未来の自分は絶対にいい女になっていると、なぜだか強く信じ切っている自分もそこにはいて、元気になった。良く頑張った未成年りりぽんに恥ずかしくない大人りりぽんにならなければ。説明はできないけれど、多分なれる。

相も変わらずスーパーポジティブな私に、本書が文庫化するという朗報が届いたのは、その少し後。紛れも無い朗報に、感動と興奮で体は踊りだしていたけれど、何がどう凄いのか頭でイマイチ理解しきれず、LINEした。プロ（担当の伊東さん。仕事がめちゃできる美人。上司にも当たりがきつくて格好良い。雨が降ったら授業を休むという破天荒な学生時代を過ごす）に。

「ところで文庫化って何が凄いのですかっ!?」

ど直球。

「文庫化するのは、単行本がとても売れていて、なおかつ文庫で安価になることで更に売れると見込まれた書籍（えらそうですが）です。

そのため、文庫化することでより多くの人がこの本を手にとり、多くの人が哲学について知る機会が増えます。

・単行本では値段のハードルで購入できなかったが、文庫本くらいの値段だったら購入したい、という読者が多い

・哲学について、敷居が高いと感じていても、数百円であれば読みたい、という層が多い（潜在的な読者が多い）

・発刊時は須藤さんについて知らなかったが、今新刊台に本が並んでいたら購入する人

が多い（ほど人気がうなぎのぼり）

等々を見込んで文庫化にいたるので、本当に凄いことだと思います」

あまりに素晴らしい説明だったので、生々しいですが原文ままを載せちゃいました。暴挙。すみません伊東さん。特に最後の（ほど人気がうなぎのぼり）。元気になりました。プロ。

なるほど、これはすぎょい！　つまり本書は地味に売れているのか。印税が楽しみ。印税が楽しみだー！　一応二回言っておきました。にひひ。本書のあとがきで「売るためだけの本じゃないやい！」って不器用に突き放しているけれど、素直に嬉しい。だって私の夢は哲学者は哲学者でも、〝生きている間に売れる哲学書を書ける哲学者〟だから。それは決して、時代のニーズに合わせて内容を妥協したり、媚びたりするとかいうことじゃない。哲学書を出すにあたって売ること自体が目的になることはないし、売れる本が良い本だとは一度も思ったことはないけれど、売ることを、伝えることを諦めたくない。

いつだって〝今〟が大切で、今を生きている人たちの味方でありたい。死んだ後なんてどうだっていいの。死んだ後に優しくされたって嬉しくない。死んだ私が盾にされて他の生きてる人を攻撃することに利用されたりしたらそれはもう最悪。自分も気をつけよう。あ、でも『日めくりニーチェ』みたいに『日めくりりぽん』が発売されてたら嬉しいかも。死後に再評価された哲学者の先輩たちも、きっと先輩たちの今を勝負してた。だから格好良いんだ。

いつか堀内先生が「文才のある哲学者が少ないのは、正確に言いたいことを伝えたいがために、曖昧な表現を避けて固い文章を書くから」と言っていた。ならば、私がなってみせる！　文才もある哲学者に！

そういえば「哲学哲学言わなくなったね。もう飽きた？」って最近よく言われる。「哲学哲学」なんて哲学者でも言わないし、飽きるとかそういう次元の話ではない。これには温厚なりりぽんもおこ。私はいわば哲学病の患者で、生きているだけで哲学〝しちゃう〟。それも厄介なことに実存哲学しちゃう。キャラでやってるなんて言う人に言いたいのは、哲学キャラなんて共演してて一番やりづらいと思う。実際にそうだし。確実に事故る。だから私にとって「哲学に飽きた？」という質問は「呼吸するのに飽きた？」という質問と同じで、つまり激おこ。まあ、そんなに怒ってないけれど。本書の講義イベントで、久しぶりの再会を果たした師匠の堀内先生にも言われたし。「正直哲学への熱冷めてきたでしょ？」って。わろた。

私は大胆に見られがちだけれど、かなり慎重で。ファーストキスの相手を花の十代全ての時間を費やして吟味したくらいには。「これはずっと好きだ」と言えるものは沢山あるけれど、そのどれもに結構時間がかかってる。例えばニーチェさんだって「これ以上好きになるのが怖い」という乙女チックな理由で読むのを控えた時期もあった。今や処女作のタイトルに引用しちゃったりしてるけれど。「なにこれ素敵。好き」といった自分の直感を信頼しているし、愛してる。でも同時に、理屈や論理的であることも愛してる。両方まとめて愛してるからこそ、明るく爽やかに哲学できているのかもしれない。哲学って、「免疫システムではなくウィルス」というだけあって実は本当に恐い。私もやっとその恐さを少し味わったところ。自分なりのバランス感覚を見失うと、すぐに堕ちちゃう。自由でいるには、誰よりも慎重でなければならないんだ。ここが外の世界であるか、自由という名の枠の中なのか、常に吟味しなきゃ。でもそんな超慎重な私がどっぷり、病と称されるほどに哲学を好きであり続けられるのは、依存させてくれないから。哲学の世界に足を踏み入れれば、誰もが「外へ出ろ！」と言われる。哲学書を読めば、「本を閉じて実際に失敗してこい！」と言われる。哲学者に、「真似するな！　自分で考えろ!」と言われる。好きなもの以外見えなくなるっていうのが恐い私は、哲学を好きになって好きなものが沢山増えた。だから、私が何かに熱中していたとしたら、それは哲学に飽きたのではなく、哲学者になるための寄り道をしているに過ぎない。日本語ラップが好きすぎて、最近家にターンテーブルを置いたのもそう。

〝生きている間に売れる哲学書を書ける哲学者〟の他にもう一つ目標がある。まだ言ったことないやつ。〝哲学者として歴史の教科書に載る時に、副業の欄をうるさくする〟という目標! ふふ。今は〝アイドル〟が書けるとして、これからなる予定の〝雀士〟、あと〝ラッパー〟、これだけでかなりうるさくなる! 最高だ。私も今までの哲学者みたいに、今までいなかった哲学者になりたい。自分なりのバランス感覚で、自分だけのルートを辿って、いつか必ず。明確なゴールはないけれど、死ぬときに振り返る全てが証明してくれると思ったら、全て無駄だけど全て無駄じゃなくて、今を頑張ろうと思える。一つの美しい作品のように生きたいな。もちろん、寄り道することばかりに気を取られず、沢山勉強して革新的な論文を世に送り出すのも絶対!

そんな壮大な目標の第一歩であるこの本が、文庫化でより沢山の人の人生に関われるなんて素敵すぎる！　しかしあくまで本書は未完であって、これで終わりではない。と、二作目のフラグを立てておく。

これから先、どんな本を出しても、どんなことが起こっても、本書は私の第一作目であって、それは変わらない。当たり前のことだけど、なんだか嬉しい。『人生を危険にさらせ！』を通じて沢山の人と出会えた。今だってそう。こうして読んでくれている人がいる。寄り道して良かった。哲学を好きで良かった。生きてて良かった。きっと私は変わり続けるけど、多分変わらない。上手く説明できないけれど。

全てのロンリーガール、ロンリーボーイに幸あれ。ＰＥＡＣＥ.

二作目につづく。

著者略歴

須藤凜々花（すとう・りりか）

1996年東京都生まれ。NMB48チームNのメンバー。愛称はりりぽん。2013年11月10日、「第1回AKB48グループドラフト会議」において、NMB48チームNに第1巡目で指名される。2015年6月6日、AKB48選抜総選挙の会場にてNMB48の12thシングル「ドリアン少年」のセンターを務めることが発表された。デビュー当初より将来の夢を「哲学者」だと公言している。

堀内進之介（ほりうち・しんのすけ）

1977年大阪府生まれ。青山学院大学大学院非常勤講師、現代位相研究所・首席研究員ほか。専門は政治社会学・批判的社会理論。共著に『悪という希望―「生そのもの」のための政治社会学』（教育評論社）、『本当にわかる社会学』（日本実業出版社）、『幸福論―〈共生〉の不可能と不可避について』（日本放送出版協会）などがある。単著として『知と情意の政治学』（教育評論社）がある。

トータルプロデューサー　秋元康
NMB48プロジェクトプロデューサー　劔持嘉一
チーフマネージャー　關根清隆
マネージャー　幡谷幾子、左近聡
プロモーションスタッフ　奥井剛平、牧里子、二本木勇作
COOPERATED WITH Showtitle

スペシャルサンクス　Y&N Brothers Inc.
神代健彦
濱沖敢太郎
現代位相研究所
佐藤遥
宮本智世

撮影　齋藤葵（本文中の哲学者の写真はアフロ）
ヘア&メイクアップ　十河沙樹（株式会社 CO.CO.RO.）
本文デザイン　川名潤（prigraphics）

JASRAC 出1702799-701

この作品は二〇一六年三月小社より刊行されたものです。

人生《じんせい》を危険《きけん》にさらせ!

須藤《すとう》凜々花《りりか》　堀内《ほりうち》進之介《しんのすけ》

平成29年4月15日　初版発行

発行人――石原正康
編集人――袖山満一子
発行所――株式会社幻冬舎
〒151-0051東京都渋谷区千駄ヶ谷4-9-7
電話　03(5411)6222(営業)
03(5411)6211(編集)
振替00120-8-767643

印刷・製本―株式会社　光邦

装丁者――高橋雅之

検印廃止

幻冬舎文庫

ISBN978-4-344-42595-8　C0195　す-19-1

幻冬舎ホームページアドレス　http://www.gentosha.co.jp/
この本に関するご意見・ご感想をメールでお寄せいただく場合は、
comment@gentosha.co.jpまで。